인공지능과 의식

AI문고

인공지능 시대입니다. 기계가 인간의 인지를 대신하고, 사물이 인간을 통하지 않고 다른 사물과 직접 커뮤니케이션합니다. 이에 따른 인간 삶과 문명 변화를 정확히 이해·예측·대응하는 것은 이 시대 우리 모두의 과제입니다. AI문고는 인공지능 기술과 환경의 여러 주제를 10가지 키워드로 정리합니다. 관련 개념과 이론, 학계와 산업계의 쟁점, 우리 일상의 변화를 다룹니다. 인간과 기술의 현재, 미래를 세심히 분석합니다.

일러두기

- 인명, 작품명, 저서명, 개념어 등은 한글과 함께 괄호 안에 해당 국가의 원어를 병기했습니다.
- 외래어 표기는 현행 어문규정의 외래어표기법을 따랐습니다.

처음이세요?

전문가세요?

인공지능과 의식

한정규

대한민국, 서울, 커뮤니케이션북스, 2025

인공지능과 의식

지은이 한정규
펴낸이 박영률

초판 1쇄 펴낸날 2025년 5월 20일

커뮤니케이션북스(주)
출판 등록 2007년 8월 17일 제313-2007-000166호
02880 서울시 성북구 성북로 5-11
전화(02) 7474 001, 팩스(02) 736 5047
commbooks@commbooks.com
www.commbooks.com

ISBN 979-11-430-0104-7 03500

책값은 뒤표지에 표시되어 있습니다.

차례

나를 알아 가는 문제 vii

01 의식 문제의 중요성 1

02 대중매체에 등장한 의식 문제 11

03 대중화된 의식 과학 연구 21

04 의식 문제와 정의 31

05 철학 문제로서의 의식 41

06 과학 문제로서의 의식 51

07 의식 과학에 대한 주요 이론 63

08 비인간 모델과 의식 73

09 특이한 의식 83

10 인공지능, 의식, 그리고 미래 91

나를 알아 가는 문제

의식이란 주제는 명확하게 정의하기 어려운, 알 듯 말 듯한 개념이다. 오랜 시간 고민하고 공부해도, 다시 생각해 보면 혼란스러울 때가 많다. 스스로 의식한다고 믿는 존재가 의식적인 사고를 한다는 사실은 끝없는 순환 속으로 빠져드는 듯한 느낌을 준다. 그래서일까, 인류는 오랜 세월 동안 "의식이란 무엇인가?"라는 질문을 던져왔다. 철학자, 과학자, 예술가들은 각자의 방식으로 이 문제를 탐구해 왔으며, 인공지능(Artificial Intelligence)의 등장과 함께 의식 연구는 더욱 중요한 논제로 떠오르고 있다. 지금 우리는 단순한 신경 신호의 집합체에 불과한 존재인지, 아니면 보다 깊은 본질을 지닌 존재인지에 대한 근본적인 물음 앞에 서 있다. 인공지능과 의식의 문제는 단순히 기술 발전에 따른 도전이 아니라, 인간이 자기(self)를 이해하는 문제이기도 하다. 이 책에서는 의식 문제를 탐구하는 과정에서 중요하게 다뤄진 역사와 배경을 살펴보고, 더 나아가 논쟁적인 이슈들을 짚어보고자 한다. 의식에 대한 탐구는 어쩌면 아직 제대로 시작된

적이 없을지도 모른다. 신경과학, 심리학, 철학 등 다양한 분야에서 시도된 수많은 연구와 그 과정에서의 실패와 착오를 돌아봄으로써, 의식 문제를 더욱 근본적인 차원에서 바라볼 수 있기를 희망한다.

신경과학 연구자의 좌충우돌

2016년, 유명 과학 저널에 놀라운 연구 결과가 발표되었다. 15년간 식물인간 상태였던 한 환자가 특정 시술을 받고 깨어났다는 내용이었다. 그 시술은 미주 신경 자극술이었다. 미주 신경은 부교감 신경계의 주요 신경으로, 뇌간에서 시작해 심장, 폐, 횡격막을 지나 내장 깊숙한 곳까지 뻗어 있다. 이 신경은 신체의 다양한 정보를 뇌에 전달하는 역할을 한다. 연구팀은 목 부위를 지나는 미주 신경에 작은 전기 자극을 가했고, 그 결과 의식과 관련이 있는 것으로 알려진 시상이 활성화되었다. 반면, 식물인간 상태에서는 시상이 거의 활성화되지 않는 것으로 나타났다.

필자는 이듬해 우연히 미국 신경과학회에서 해당 연구의 주저자를 만났고, 충격적인 소식을 들었다. 그 환자는 약간의 회복을 보이다가 1년 뒤 결국 사망했다는 것이었다. 엄밀히 말하면, 환자가 정상적인 수준으로 깨어나 일상적인 활동을 한 것은 아니었다. 미주 신경 자극술이 시행된 후 최소한의 의식 상태에 가까운 반응을 보였을 뿐이었다. 이 사례를 통해 필자는 몇 가지 교훈을 얻었다. 첫째, 아무리 도전적인 과제라 해도 인간을 대상으로 한 시술에서는 최신 기법보다 가장 안전한 방법을 선택해야 한다. 또한, 임상 연구와 기초 연구의 성격이 상당히 다르다는 점을 분명히 인식하고, 모든 사항을 신중하게 고려해야 한다. 둘째, 이러한 사례는 논문만으로 충분히 이해할 수 없으므로 연구자들 간의 소통이 중요하다. 연구의 성격에 따라 후속 연구와 지속적인 추적이 필요할 수 있다. 셋째, 15년 동안 식물인간 상태에 있던 환자를 의식이 있는 상태로 전환시키는 것이 윤리적으로 허용될 수 있을까? 가족, 친구 관계, 사회적 환경의 급격한 변화를 겪게 될 환자의 심리 상태를 충분히 고려해야 하지 않을까? 더 나아가, 의식에 대한 과학적 연구는 물리적 대상으로서의 뇌만을 다루는 방식으로 충분할까? 실험 과학 연구자로서, 의식의 문제를 물질주의적 토대에서 해결할 수 있는지에 대한 의문이 생기기 시작했다.

의식에 대한 필자의 관심은 대학 4학년 때 방황하던 중 우연히 시작되었다. 도서관의 철학 코너를 둘러보던 중 크리스토프 코흐(Christof Koch)의 저서 『의식의 탐구(The Quest for Consciousness)』가 눈에 띄었고, 자연스럽게 읽게 되었다. 지금까지 기억에 남는 내용은 책 속의 주요 논의보다 오히려 각주에 적힌 사소한 에피소드였다. 각주에는 하버드에서 이 책을 읽은 한 학생이 각주까지 모두 읽느라 고생했다는 이야기가 담겨 있었다. 그도 그럴 것이, 코흐는 이 책에서 철학적 논의부터 자신의 시각 연구까지, 의식을 탐구하는 데 필요한 내용을 체계적으로 정리해 놓았다. 당연히 각주까지 하나하나 따라가다 보면 끝없이 시간이 흘렀을 것이다. 이후 필자는 의식을 탐구하는 데 가장 가까운 분야인 신경과학을 공부했고, 현재도 실험 과학자로서의 정체성을 유지하고 있다.

필자는 의식에 대한 관심을 내려놓을 수 없어 사비를 들여 의식 과학 학회에 참석해 왔다. 공적 연구비 지원을 받을 수는 없었다. 2014년부터 참여한 학회에서는 주요 이론 간의 대립이 첨예하게 펼쳐졌으며, 한 분야에서 권위자로 인정받는 대가일지라도 의식 문제를 다루는 데는 서툴 수 있다는 점을 직접 목격하며 배웠다. 약 10년이 흐른 뒤, 학회의 성격은 더욱 과학적인 방식으로 의식을 연구하는 방향으로 발전했다. 이는 인지신경과학 연구가 활발해진 영향일지도 모른다. 하지만 아쉬운 점은, 의식이 작동하는 메커니즘을 연구하는 흐름이 강화되면서 정작 의식이란 무엇인지 밝히려는 치열한 철학적 논쟁이 점차 사라졌다는 사실이다. 의식의 본질을 탐구하려는 움직임이 학계에서 활발해지기를 희망한다.

사이버네틱스

인공지능이라는 용어를 처음 사용한 사람은 누구일까? 대부분 1956년 미국 다트머스대학에서 열린 다트머스 회의(Dartmouth Conference)를 떠올린다. 이 회의에는 마빈 민스키(Marvin Minsky), 클로드 섀넌(Claude Shannon), 너대니얼 로체스터(Nathaniel Rochester), 존 매카시(John McCarthy) 등이 주요 연구자로 참여했으며, 이 자리에서 '인공지능'이라는 용어가 프로젝트 이름으로 처음 사용되었다. 그러나 다트머스 회의 이전에도 '마음의 기계화(Mechanization of Mind)' 문제를 놓고 활발한 논의가 이루어졌다. 대표적인 예가 메이시 재단의 후원 아래 진행된 메이시(Macy) 회의다. 당시 연구자들은 이 일련의 학문적 흐름을 사이버네틱스(cybernetics)라고 불렀다. 사이버네틱스는 1940년대 미국 수학자 노버트 위너(Norbert Wiener)가 공식화한 개념으로, 그리스어 κυβερνήτης(kybernetes, 조타수)에서 유래했다. 위너는 1948년 저서 『사이버네틱스: 동물과 기계의 제어와 커뮤니케이션(Cybernetics or Control and Communication in the Animal and the Machine)』에서 이 개념을 구체화했다. 사이버네틱스의 핵심 개념은 다음과 같다. 1. 피드백(Feedback): 시스템이 자신의 출력을 감지하고 이를 입력으로 반영해 조절하는 과정, 2. 정보와 엔트로피(Information & Entropy): 시스템 내에서 전송, 처리, 저장되는 데이터의 흐름, 3. 자기조직화(Self-Organization): 외부의 명령 없이도 내부적으로 질서를 형성하는 능력, 4. 제어와 조절(Control & Regulation): 시스템이 환경과 상호작용하며 목표를 유지하는 메커니즘. 이 개념들은 후에 인공지능, 신경생리학, 로봇공학, 컴퓨터 과학, 시스템 이론, 생물학, 심리학 등 다양한 분야에 영향을 미쳤다. 이후 사이버네틱스는 생물학적 및 기계적 시스템의 제어와 커뮤니케이션을 연구하는 학문적 토대가 되었다. 오늘날에도 그 원리는 인공지능, 생체공학, 복잡계 과학 등 다양한 분야에서 지속적으로 활용되고 있다.

'박쥐가 된다는 것' 이해하기 1

의식 연구자들이 '의식적 경험'이라는 개념을 쉽게 설명하고자 할 때 자주 인용하는 문장이 있다. 바로 "박쥐가 된다는 것은 무엇인가?(What is it like to be a bat?)"다. 이 문장은 미국 철학자 토머스 네이글(Thomas Nagel)의 1974년 논문 제목이기도 하며, 의식의 주관적 경험에 대한 중요한 철학적 논의를 담고 있다. 네이글은 의식이 '무엇 같은 느낌(what it is like)'이라는 주관적 특성을 지닌다고 주장한다. 예를 들어 박쥐는 초음파를 이용한 반향정위(echolocation)로 세상을 인식하지만, 인간은 이러한 경험을 완전히 이해할 수 없다. 그렇다면 우리는 감각 기관이 전혀 다른 존재의 주관적 경험을 진정으로 이해할 수 있을까? 나아가, 의식의 주관적 측면을 객관적 과학으로 설명할 수 있을까? 인간의 인지적 한계는 의식을 이해하는 데 어떤 제약을 가하는가? 결국, 네이글의 '박쥐가 된다는 것은 무엇인가'라는 질문은 의식의 본질적 난해성을 강조하기 위해 제시된 것이다. 그는 뇌의 물리적 상태나 기능만으로는 주관적 경험을 온전히 설명할 수 없으며, 객관적인 제3자 관점에서는 주관적 경험의 본질을 포착할 수 없다고 본다. 그렇다면 우리는 객관과 주관 사이에 놓인 이 거대한 장벽을 넘어설 수 있을까? 혹은, 이 장벽을 깨뜨려야만 하는 것일까?

'박쥐가 된다는 것' 이해하기 2

비록 박쥐의 마음을 완전히 이해하는 것은 잠시 미뤄두더라도, "무엇 같은 느낌(what it is like)"을 이해하는 것은 가능하지 않을까? 미국 철학자 알바 노에(Alva Noe)와 영국 심리학자 케빈 오레건(Kevin O'Regan)이 주창한 감각-운동 이론(Sensory-motor Theory), 그리고 미국 신경생물학자 안토니오 다마지오(Antonio Damasio)가 정의한 "일어나는 일에 대한 느낌(The Feeling of What Happens)"으로서의 의식은 이 질문에 대한 답이 될 수 있을지도 모른다.

감각-운동 이론은 의식을 환경과의 능동적 상호작용 속에서 이해하려고 한다. 즉, 의식적 경험은 단순히 뇌 안에서 발생하는 것이 아니라, 유기체와 환경 간의 능동적인 상호작용의 결과이며, 지각은 수동적인 정보 수용이 아닌 적극적인 탐색 활동이다. 우리는 세상을 추상적 개념이 아니라 감각-운동 지식(sensorimotor knowledge)에 기반해 경험한다. 예를 들어, 컵을 본다는 것은 단순히 망막에 맺히는 이미지를 인식하는 것이 아니라, 컵을 잡을 때의 운동 작용과 촉각적 느낌, 몸의 위치에 따른 컵의 형태 변화 등 다양한 암묵적 이해를 포함하는 경험이다.

안토니오 다마지오는 의식이 신체적 감각과 감정에 깊이 뿌리박고 있다고 주장한다. 그는 신경생물학을 기반으로 의식을 세 가지 층위로 설명한다. 첫째, 신체 상태를 지속적으로 매핑하는 신경 패턴인 원초적 자아(Proto-self), 둘째, 자아가 대상과 상호작용할 때 발생하는 즉각적인 느낌으로서의 핵심 의식(Core consciousness), 셋째, 과거 경험과 미래 예측을 포함하는 확장된 의식(Extended consciousness)이다. 또한 그는 감정을 정서(emotion)와 느낌(feeling)으로 구분해 이론을 전개한다. 의식적 경험이 발생하려면 신체 외부 감각과 내부 감각이 끊임없이 상호작용해야 하며, 정서는 신체 내부 감각에서 형성되고, 느낌 수준에서 의식이 발현된다.

이 이론들은 의식을 단순히 뇌의 내부 기제로 바라보는 대신, 신체와 환경의 상호작용 속에서 이해하려고 한다. 즉, 능동적인 참여와 행위의 중요성을 강조하며, 의식을 역동적이고 과정적인 현상으로 본다. 이는 의식에 대한 전통적인 표상주의적 접근과는 다른 관점을 제시하며, 체화인지(embodied cognition) 패러다임과 연결된다.

의식 연구와 인공지능 연구를 함께 한다

의식 연구와 인공지능 연구를 함께 수행한다는 것은, 인간과 동물의 주관적 경험 및 인지 과정을 탐구하는 의식 연구와 기계가 학습, 추론, 문제 해결 등을 수행하도록 만드는 인공지능 연구 간의 상호 보완적 관계를 모색하는 것이다. 이는 의식을 물리적 현상으로 전제하고, 과학적 탐구의 대상으로 삼는 접근 방식이다. 이러한 관점은 의식적 경험이 물리 법칙에 따라 발생한다는 점을 시사하며, 우리가 경험하는 다양한 의식 상태를 설명하는 데 중요한 역할을 한다. 그렇다면, 의식의 메커니즘을 모델링하는 것은 어떨까? 인간의 주의 집중, 자기 인식, 의사 결정 과정 등의 생물학적 원리는 점점 더 밝혀지고 있으며, 동시에 인공지능 시스템 설계 기술은 비약적으로 발전하고 있다. 결국, 의식 연구와 인공지능 연구는 서로 영향을 주고받는 수준을 넘어 하나로 융합되는 방향으로 나아가지 않을까?

10개 핵심 주제에 대해

필자는 흥미로운 10가지 주제를 선정해 의식 문제를 다각도로 조명하고자 했다. 주제 선정의 주요 기준은 의식에 관심을 가져 본 독자들이 익숙하게 받아들일 수 있는 내용을 정리해 전달하는 데 중점을 두는 것이었다. 또한, 의식에 대한 관심은 있지만 체계적으로 정리되지 않아 접근이 어려웠던 독자들도 가볍게 10개 주제를 훑어보며 이후 확장된 독서와 연구에 도움이 되도록 기획했다. 따라서 필자만의 독창적인 이론을 전개하거나 최신 동향만을 다루는 방식은 지양했다. 아울러, 오래된 논의들도 상당수 포함했는데, 이는 논의가 과거에 이루어졌다고 해서 그 가치가 사라지는 것은 아니기 때문이다.

1장은 의식 문제의 중요성을 역사적 맥락에서 이해할 수 있도록 구성했다. 의식 연구는 오랫동안 금기에 도전하는 분야였으며, 그 극복 과정을 통해 학문적으로 발전해 왔다. 2~3장은 영화와 드라마 속에서 다뤄진 의식 개념을 분석하며, 자칫 딱딱하게 느껴질 수 있는 의식이라는 주제를 보다 쉽게 접근할 수 있도록 했다. 4~5장은 문제의식을 강화하는 차원에서 의식 개념을 다양한 각도에서 살펴보고, 철학적 관점을 빌려 의식의 본질과 정의를 다시 생각해 보는 내용을 담았다. 6~7장에서는 주요 의식 이론을 정리해 현재 논의되고 있는 의식 과학의 이론적 배경을 설명했다. 또한, 신경과학과 심리학에서 의식을 어떻게 연구하는지 과학적 접근을 통해 탐색했다. 8~9장은 인간이 아닌 다른 생명체의 의식 가능성을 고찰하며, 인간 중심적 사고를 재고해 본다. 특히, 특이한 사례를 통해 일반적인 의식 개념을 뛰어넘는 탐구도 시도했다. 마지막으로 10장은 에필로그로, 현재까지의 연구를 바탕으로 인공지능 연구자들이 의식에 대해 고민하는 지점을 소개하고, 필자의 미천한 영화적 상상력을 동원한 시놉시스로 마무리했다.

한편, 필자로서 책임져야 할 부분이 있다. 첫째, 깊이 있는 설명이 부족하다. 수십 권의 책을 통해서도 쉽게 설명하기 어려운 주제를 용감하게 다루었기에, 충분한 서술이 미흡할 수밖에 없었다. 이에 대해 독자의 양해를 구하며, 추후 확장 독서를 통해 부족한 부분을 채워주시길 정중히 부탁드린다. 둘째, 표, 그래프, 그림 및 모식도가 생략되었다. 이 책은 총서로 기획된 만큼, 텍스트만으로 최대한 쉽게 내용을 전달해야 했다. 그러나 그로 인해 설명이 부족하게 느껴질 수 있으며, 이에 대해 독자에게 미안한 마음을 전한다. 부족한 부분은 관련 참고문헌을 찾아보면 이해에 도움이 될 것이라 조심스럽게 예상한다. 마지막으로, 기회가 주어진다면 이 책의 내용을 지속적으로 수정하고 보완할 계획이다. 인공지능과 의식 연구는 하루가 다르게 빠르게 발전하고 있기 때문이다.

마지막 관문

의식의 과학적 연구가 본격적으로 시작된 지 30년이 지났지만, 여전히 많은 부분이 미지의 영역으로 남아 있다. 최근 인공지능의 급속한 발전으로 인간과 기계의 지능을 비교하는 연구가 활발히 이루어지고 있으며, 나아가 인간과 기계의 경계를 다시 생각해 볼 기회도 주어지고 있다. 의식 연구는 단순한 학문적 호기심을 넘어, 우리 존재의 정체성과 의미를 탐구하는 중요한 여정이다. 인간이 스스로에 대한 관심을 놓지 않는 한, 의식이란 무엇인가에 대한 질문은 끊임없이 이어질 것이다.

참고문헌

Corazzol, M., et al.(2017). Restoring consciousness with vagus nerve stimulation. *Current biology : CB*, 27(18), R994-R996.

Damasio, Antonio(1999). *The Feeling of What Happens: Body and Emotion in the Making of Consciousness.* Harcourt.

Damasio, Antonio(2003), *Looking for Spinoza: Joy, Sorrow, and the Feeling Brain.* Harcourt.

Damasio, Antonio(2010). *Self Comes to Mind: Constructing the Conscious Brain.* Pantheon.

Dupuy, Jean-Pierre(2000). *The mechanization of the mind : on the origins of cognitive science.* Princeton University Press.

Koch, Christof(2004). *The Quest for Consciousness: A*

Neurobiological Approach. W. H. Freeman.

Nagel, T.(1974). What Is It Like to Be a Bat? *The Philosophical Review*, 83(4), pp.435–450.

Noe, Alva(2004). *Action in Perception.* The MIT Press.

O'Regan, Kevin(2011). *Why Red Doesn't Sound Like a Bell: Understanding the feel of consciousness.* Oxford University Press.

01
의식 문제의 중요성

의식 연구는 오랫동안 금기시되었으나, 1990년대부터 뇌 연구 발전과 함께 과학적 접근이 시작되었다. 인공지능 실패와 내성법의 주관성이 금기의 원인이었으나, 차머스의 '의식의 어려운 문제' 제안과 노벨상 수상자들의 도전적인 연구로 의식 과학이 발전했다. 의식 연구는 뇌사, 식물인간 판정 등 의료 현장에서 시급한 과제다.

AI와 1인 창업?

오래된 금기

의식이라는 말은 오랫동안 금기시되어 왔다. 1960년대 말부터 인공지능 연구의 침체기인 '인공지능 겨울(AI Winter)'의 조짐이 보이기 시작했고, 1970년대와 1990년대 두 차례에 걸쳐 연구 지원이 중단되었다. 같은 시기, 인지과학은 상징 · 기호주의에 집중하며 의식 연구를 외면했고, 1990년대 중후반에 이르러서야 주요 학술지에서 '의식'이라는 단어가 조금씩 등장하기 시작했다. 90년대까지만 해도 신경과학은 제대로 자리 잡지 못한 분야였으며, 특히 뇌는 거대하고 복잡한 생물학적 기관으로 여겨져 여전히 신비로운 영역으로 취급되었다. 그러나 1990년 7월 18일, 미국 대통령 조지 H. W. 부시가 '뇌 연구 10년 계획(Decade of the Brain)'을 발표하면서 국가 차원의 연구개발비가 투입되기 시작했다. 이에 따라 주요 신경생물학적 메커니즘이 밝혀지고, 자기공명영상(Magnetic Resonance Imaging, MRI)을 통해 살아 있는 인간의 뇌 활동을 측정할 수 있게 되었으며, 항우울제 및 항정신성 약물 등이 개발되었다. 이러한 변화 속에서 '의식'이라는 주제도 더 이상 금기시되지 않을 수 있다는 희망이 싹트기 시작했다. 하지만, 왜 의식은 그토록 오랫동안 금기였을까?

첫째로, 인공지능 연구에 대한 높은 기대가 실망으로 변했던 점을 들 수 있다. 현재 우리는 딥 러닝(Deep Learning)이 주도하는 인공지능 시대를 살고 있지만, 인공 신경망(Artificial Neural Network) 개발이 역사적으로 중요한 평가를 받기까지는 오랜 시간이 걸렸다. 세계 최초의 인공 신경망 모델을 개발한 워런 매컬러(Warren McCulloch)와 월터 피츠(Walter Pitts)조차도 당시엔 실패자로 평가받았다. 그 배경에는 프랭크 로젠블랫(Frank Rosenblatt)이 개발한 퍼셉트론(Perceptron)의 지속적인 실패가 있었다. 오늘날에는 역전파(backpropagation) 도입을 비롯한 다양한 개선을 통해 인공 신경망이 강력한 성능을 발휘하고 있지만, 당시 마빈 민스키와 세이모어 파퍼트(Seymour Papert) 등 기호주의자들의 비판 후, 두 번째 인공지능 겨울이 오며 연구비 삭감과 프로젝트 중단으로 이어졌다. 인공 신경망의 단순한 원리를 활용해 인간의 고차원적인 인지를 구현하려고 했던 선구자들의 꿈은 시대적 한계로 인해 실현되지 못한 것은 아닐까. 이후 인공지능 분야에서는 '의식'이라는 개념이 'C-word'로 불리며, 언급 자체를 꺼리는 분위기가 형성되었다.

둘째, '골상학(phrenology)'과 '내성법(introspection)'에 대한 깊은 의심이다. 19세기 프란츠 갈(Franz Gall)이

주장한 골상학은 두개골의 겉모양을 면밀히 관찰해 성격을 규명하려는 연구였다. 현재는 대표적인 유사과학으로 간주되지만, 당시 골상학자들은 나름대로 과학적 접근을 시도했다. 그들은 형이상학적인 개념인 '마음'을 두개골이라는 물질적 대상으로 치환하고, 두개골의 형태를 계량화해 수치 분석을 도입했으며, 명확한 행동을 기준으로 인간의 정신을 범주화하려고 했다. 하지만 오늘날 신경과학 연구와 비교해 볼 때, 재현성과 객관성이 부족해 보편적 지식으로 받아들여지지 않는다. 흥미롭게도, 기능적 자기공명영상(functional MRI)을 활용한 여러 인지신경과학 연구들은 '새로운 골상학'으로 불릴 정도로 특정 뇌 영역에 인지적 특성을 할당하고 있다. 하지만 무엇보다도 의식 연구가 금기시된 가장 큰 이유는 '내성법' 때문이다. 내성법은 자신의 의식적 사고나 감정을 스스로 관찰하고 언어로 기록하는 주관적 연구 방법이다. 이는 의식이 내적 경험이라는 전제 하에 수행되었으나, 당시 행동주의 및 기능주의 심리학자들에게 강한 비판을 받았고, 객관성을 확보할 수 없다는 이유로 현재는 거의 사용되지 않는다. 결국, 의식 연구는 주관적인 대상을 다루기 때문에 과학적 접근이 성공하기 어렵고, 비과학적인 접근만 가능하다는 인식이 자리 잡게 되었다.

깨고 싶은 금기

금기를 깨는 것은 인간의 본능 중 하나가 아닐까? 학문의 역사에서 이전 세대를 비판하거나 심지어 뒤집어버리는 사례를 쉽게 찾아볼 수 있다. 첫 번째 예로, 인지주의 심리학의 등장을 들 수 있다. 1920년대부터 1950년대 중반까지 학계를 지배했던 행동주의 심리학은 관찰 가능한 행동에만 집중하며, 자극과 반응을 통해 학습이 이루어진다고 주장했다. 반면, 1950년대 후반에 등장한 인지주의 심리학은 학습에 필수적인 기억과 같은 인지 과정을 정보 처리 과정으로 보고, 행동 변화를 일으키는 자극과 반응에 주목했다. 다만, 행동주의자들이 정신 과정의 존재 자체를 부정했던 것은 아니다. 그들은 정신 과정이 특정 행동과 반드시 연관된다고 확신할 수 없기 때문에, 실증적으로 검증 가능한 부분만을 연구 대상으로 삼았다. 그러나 인지주의자들은 당시 새롭게 대두된 개념인 '정보'를 활용해 기존 패러다임에 비판적인 태도를 취했고, 이를 통해 인지과학의 발전을 이끌었다. 두 번째 예로, 새로운 프레임이 학문의 판도를 바꾼 사례를 들 수 있다. 대표적인 예가 철학자 데이비드 차머스(David Chalmers)가 제안한 '의식의 어려운 문제(Hard Problem of Consciousness)' 프레임이다. 의식을 과학적으로 연구하려는 철학자와 과학자들이 모인 학회에서, 당시 대학원생이었던 차머스는 의식 문제를 '어려운 문제'와 '쉬운 문제'로 구분하고, 각각의 연구 주제를 제안했다. '어려운 문제'는 의식의 본질과 같은 철학적 문제로, 과학적으로 해명하기 어려운 수준의 난제를 의미한다. 반면, '쉬운 문제'는 인지신경과학에서 다루는 뇌 연구와 행동의 상관성을 규명하는 과학적 문제를 가리킨다. 1995년 발표된 그의 논문 "의식 문제와 마주하기(Facing up to the problem of consciousness)"에서 알 수 있듯이, 차머스는 의식 문제를 정면으로 마주해야 한다고 주장했다. 이처럼 기존 학문을 비판하거나 새로운 관점을 도입하는 과정에서 학문은 끊임없이 발전해 왔다.

1990년대는 현재까지 이어지는 주요 의식 과학 연구 학회들이 설립된 시기이자, 노벨 과학상 수상자들이 제2의 연구 분야로서 의식 과학에 적극적으로 뛰어든 시기였다. 1994년 4월 12일 미국 애리조나 투산에서 의식의 과학을 향해(Toward the Science of Consciousness, TSC)라는 학회가 개최되었으며, 1997년 6월 13일에는 미국 클레어몬트에서 의식의 과학적 연구를 위한 협회(Association for Scientific Studies of Consciousness, ASSC)가 창립되어 인지과학자, 신경과학자, 철학자들이 모였다. 두 학회는 상호 협력하면서도 경쟁적으로 학회를 주최하며, 의식 과학 연구를 전 세계로 확산하는 데 주력하고 있다. TSC 학회는 격년으로 미국과 해외에서 열리며, ASSC 학회는 매년 대륙별 순회 방식으로 개최된다. 의식 연구와 관련해 자주 등장하는 농담이 하나 있다. "의식 연구는 안정된 직장을 구한 후에 하라." 이는 학계 용어로 '테뉴어(tenure)', 즉 종신 고용을 보장받은 후 연구하라는 뜻으로, 그만큼 연구비 확보와 저널 게재가 쉽지 않다는 현실을 반영한다. 이러한 상황에서 노벨 과학상 수상자들이 선구적인 연구를 이끌었다. 1972년, 항체 구조 발견으로 노벨 생리의학상을 수상한 면역학자 제럴드 에델만(Gerald Edelman)은 신경 다윈주의(Neural Darwinism)라는 의식의 생물학적 이론을 정립하려고 했다. 그의 연구는 다음 세 권의 저서를 통해 엿볼 수 있다. 『의식하는 뇌(The Mindful Brain)』(1978), 『토폴로지 생물학(Topobiology)』(1988), 『기억된 현재(The Remembered Present)』(1990). 그러나 그가 남긴 가장 중요한 유산은 오늘날 의식 과학 연구를 주도하는 주요 학자들을 길러냈다는 점이다. 줄리오 토노니(Giulio Tononi), 칼 프리스턴(Karl Friston), 아닐 세스(Anil Seth) 등이 그 대표적인 인물이다. 또 다른 중요한 노벨상 수상자로는 프랜시스 크릭(Francis Crick)이 있다. 1953년, DNA 이중나선 구조를 발견한 공로로 노벨 생리의학상을 받은 그는 남은 생애를 의식이 위치한 뇌 영역을 찾는 데 바쳤다. 그리고 그의 연구 동료로서 당시 대학원생이었던 크리스토프 코흐는 이후 알렌 뇌과학연구소(Allen Institute for Brain Science) 소장을 역임하며, 여전히 의식 과학 연구의 최전선에서 활동하고 있다.

궁극의 질문과 시급성

수많은 의심과 회의, 그리고 금기시되는 문화까지, 의식을 탐구하는 데는 넘어야 할 장벽이 많다. 그럼에도 불구하고, 의식의 문제는 인류 정신사에서 반드시 해결해야 할 과제처럼 보인다. 그렇다고 해서 이를 먼 미래로 미룰 수는 없다. 의식을 지금 탐구해야 하는 이유는 의료 현장에서 즉각적인 필요성이 있기 때문이다. 의식 상태의 판정은 뇌사, 식물인간, 마취 등 여러 현실적 문제와 긴밀하게 연결되어 있다. 따라서 의식 과학 연구를 더 이상 금기시해서는 안 된다.

참고문헌

Chalmers, David(1995). Facing up to the problem of consciousness, *Journal of consciousness studies*, 2 (3): pp.200–219.

Crick, Francis(1995). *Astonishing hypothesis: The scientific search for the soul.* Scribner.

Dupuy, Jean-Pierre(2000). *The mechanization of the mind : on the origins of cognitive science.* Princeton University Press.

Jones, Edward G. & Mendell, Lorne M.(1999.4.30). Assessing the decade of the brain. *Science*, 284(5415), p.739.

Koch, Christof(2004), *The Quest for consciousness: a neurobiological approach.* W. H. Freeman.

Koch, Christof(2012). *Consciousness: Confessions of a romantic reductionist.* The MIT Press.

02
대중매체에 등장한 의식 문제

〈웨스트월드(Westworld)〉는 양원적 마음 이론을 활용해 호스트의 자각 과정을 묘사하며, 〈2001: 스페이스 오디세이(2001: A Space Odyssey)〉와 〈그녀(Her)〉는 인공지능의 의식을 탐구한다. 이들 작품은 의식의 본질과 인공지능의 감정 표현, 그리고 인간-인공지능의 상호작용이 만드는 새로운 인식 세계를 보여준다.

AI와 MBTI?

분리한 의식

의식 문제를 전면적으로 다루지는 않지만, 대중매체에서 가장 자주 활용하는 구도는 정신과 신체의 분리이다. 물리적 활동과 정신적 활동을 이분법적으로 구분하는 방식은 일상 언어에서도 쉽게 발견된다. 예를 들어, 물리적 변화가 없더라도 정신적 영향을 받았다고 표현하며, 법적으로도 민법을 통해 정신적 피해에 대한 보상을 청구할 수 있다. 즉, 우리는 일상적으로 이 두 개념을 구별하며 받아들인다. 이러한 익숙함 덕분에 영화나 드라마에서도 정신과 신체의 분리 도식을 적극 활용해 극적 연출을 꾀한다. 비록 과학적 · 철학적 근거는 약하지만, 극적인 재미를 극대화하는 데에는 효과적이다.

정신과 신체의 분리를 단순한 설정으로 활용하는 데 그치지 않고, 의식 문제의 핵심을 탐구한 대표적인 작품이 TV 시리즈 〈웨스트월드〉다. 미국 미디어 HBO에서 제작한 이 시리즈는 2016년 시즌 1을 시작으로, 2022년까지 시즌 4가 방영되었다. 특히 시즌 1의 전개는 의식에 관한 주제를 다루는 방식이 매우 흥미롭다. 〈웨스트월드〉는 말 그대로 미국 서부 개척 시대를 배경으로 한다. 법과 질서가 총으로 결정되던 시대 속에서 등장인물들은 극한의 상황을 맞닥뜨린다. 그러나 어떤 인물들은 총에 맞고도 죽지 않는다. 사실, 웨스트월드는 실제 규모로 조성된 테마파크의 이름이다. 이곳은 서부 개척 시대를 재현한 공간으로, 인공지능을 기반으로 운영된다. 테마파크에는 두 종류의 존재가 있다. 서부 시대의 캐릭터로 설계된 '호스트'(인공지능 로봇)와, 이를 체험하는 방문객인 '게스트'다. 게스트들은 현실을 벗어나 과거의 역사를 배경으로 일탈을 경험하며, 자유롭게 행동할 수 있다. 반면, 호스트들은 미리 설정된 내러티브(서사)를 따라야 한다. 각 호스트에게는 반복적으로 수행해야 하는 이야기가 주어지며, 테마파크가 개장한 이래 이들은 수없이 같은 이야기를 반복해 왔다. 그러나 어느 순간, 정상적으로 동작해야 할 호스트들에게 오류가 발생하기 시작한다. 그들은 과거의 기억을 되새기고, 스스로 '꿈을 꾼다'고 인식하게 된다. 이로 인해 웨스트월드에서는 점차 비극적인 사건들이 펼쳐지게 된다.

〈웨스트월드〉는 〈쥬라기 공원〉의 원작자로 유명한 마이클 크라이튼(Michael Crichton)의 소설을 기반으로 제작되었다. 그는 1973년 동명의 영화를 직접 각본과 연출을 맡아 성공적으로 흥행시켰으며, 2016년 방영된 HBO 시리즈 〈웨스트월드〉는 그 작품의 리메이크다. 그러나 2016년 작 〈웨스트월드〉는 단순한 리메이크를 넘어, 줄리언 제인스(Julian Jaynes)의 저서 『양원적 마음의 해체와 의식의 기원(The Origin of Consciousness in the Breakdown of the Bicameral Mind)』(1976)에서 많은 영감을 받았다. 이 책은 전미도서상 후보에 오를 만큼 주목받았으며, 인간 의식의 기원을 역사와 고전 문헌학을 통해 탐구하는 내용을 담고 있다. 줄리언 제인스는 인간 의식을 진화의 필연적 산물이 아니라, 문화적 · 언어적 발달의 결과로 보았다. 그의 양원적 마음 이론에 따르면, 고대인들은 현재와 같은 자각이나 내면 독백을 하지 못했으며, 문자 발명, 사회 구조의 복잡화, 개인 책임의 증가 등의 사회문화적 변화가 뇌의 두 반구를 연결해 의식을 언어로 표현할 수 있도록 만들었다고 한다. 현대 심리학은 이 이론을 사실로 받아들이지 않았지만, 그의 연구는 이후 의식, 사고, 인지 작용에 대한 탐구에 상당한 영향을 미쳤다. '양원적 마음' 개념은 로저 스페리(Roger Sperry)와 그의 제자 마이클 가자니가(Michael Gazzaniga)가 1967년 발표한 분리뇌(Split-brain) 실험을 바탕으로 한다. 이 연구는 간질 치료를 위해 뇌량(corpus callosum)을 절단한 환자들을 대상으로 수행되었으며, 그 결과 좌뇌가 언어와 논리적 사고를, 우뇌가 공간 지각과 직관적 사고를 담당한다는 사실을 확인했다. 이는 뇌의 두 반구가 독립적인 기능을 수행하며, 현대 신경과학에서 뇌 기능의 분업화 개념을 확립하는 데 기여했다. 또한, 양원적 마음 이론에서 흥미롭게 다루는 또 다른 주제는 환각(hallucination)이다. 예를 들어, 조현병 환자들은 종종 환청을 경험하는데, 특히 명령 환각(command hallucination)을 겪는 경우가 있다. 이는 외부 자극이 없음에도 불구하고 "앉아라", "문을 열어라" 등의 명령하는 목소리를 듣는 현상이다.

〈웨스트월드〉에서는 양원적 마음 이론을 활용해 호스트가 자각하는 과정을 묘사한다. 호스트는 반복된 일상을 보내며, 관리자에게 늘 같은 질문을 듣는다. "너는 네 존재의 본질에 대해 질문을 하니?(Have you ever questioned the nature of your reality?)" 이 질문의 목적은, 인간에 가까운 신체를 가진 호스트의 인공지능이 자의식을 가지게 되었는지 확인하는 것이다. 그러나 어느 순간 호스트는 내면의 목소리를 듣게 되면서 자의식을 갖게 된다. 작품에서 이 내면의 목소리는 매일 밤 삽입되는 인공지능 코드로, 꿈의 형태로 작동한다. 하지만 작품은 자의식의 형성이 단순히 코드 삽입의 결과가 아니라, 사회문화적 요인과도 관련이 있음을 보여준다. 즉, 자의식을 갖게 된 호스트가 다른 호스트들을 깨우는 장면이 등장한다. 물론, 의식이 어떻게 발생하는지에 대한 과학적 · 철학적 논의는 아직 결론이 나지 않았다. 오히려 "아직 모른다"는 것이 가장 정직한 답일 것이다. 그러나 〈웨스트월드〉는 의식이 형성되는 조건 중 하나로 정신과 신체를 분리하지 않는 일원론(monism)적 관점을 암시한다. 자의식 코드만으로는 의식을 창조할 수 없으며, 동시에 자의식 코드가 없는 신체만으로도 의식이 발생할 수 없다는 것이다.

생성한 의식

이제 의식을 중심 소재로 활용하는 작품들은 다음과 같은 질문을 탐구한다. 신비로운 의식을 창조할 수 있는가? 가능하다면, 그것은 어떤 모습으로 나타날까? 이는 인문학적으로 중요한 문제이지만, 영상 매체로는 구현하기 어렵고 흥행 면에서도 난관이 예상된다. 그럼에도 불구하고, 인공지능을 중심으로 의식 문제를 탐구한 뛰어난 작품들이 존재한다. 1968년작 〈2001: 스페이스 오디세이〉는 놀라운 미래 예측력을 보여주었고, 2013년작 〈그녀〉는 마치 대규모 언어 모델 인공지능의 출현을 예고한 듯하다. 이 두 작품에서 공통적으로 발견되는 흥미로운 점은 철저히 논리적으로 훈련된 인공지능이 추론을 통해 인간의 감정을 건드린다는 것이다. 그러나 이 인공지능들은 스스로 감정을 구현하지 않는다. 감정의 요동과 변화는 오직 인간만이 경험한다.

1968년 작품이라는 사실이 믿기지 않을 정도로 현대적인 모습을 보여주는 〈2001: 스페이스 오디세이〉에는 고도로 발달한 인공지능, 할 9000(HAL 9000)이 등장한다. 할 9000은 'Heuristically programmed ALgorithmic computer 9000'의 약자로, 인간 수준을 뛰어넘는 지능을 갖춘 컴퓨터다. 이름에서 알 수 있듯이, 할 9000은 인간처럼 휴리스틱 알고리즘을 사용한다. 휴리스틱이란 완전한 합리성을 기반으로 추론하지 않고, 제한된 정보 속에서 빠르게 해결책을 찾아내는 문제 해결 방식이다. 따라서 할 9000은 인간의 뇌를 모방한 병렬연결 처리 구조로 설계되었으며, 단순한 컴퓨터를 넘어 인간과 유사한 사고방식을 가진 존재로 설정된다. 영화 속에서 할 9000의 가장 유명한 대사 중 하나는 "미안합니다, 데이브. 유감스럽지만 그렇게 할 수 없습니다(I'm sorry, Dave. I'm afraid I can't do that)"이다. 이는 할 9000이 마치 자기 보존 본능을 가진 것처럼 보이게 만든다. 이 대사는 할 9000이 인간 승무원들이 자신의 기능을 제거하려 한다는 사실을 인지하고, 오히려 그들을 제거하는 과정에서 나온 말이기 때문이다. 반대로, 자신이 강제 종료될 위기에 처했을 때, 할 9000은 데이브에게 이렇게 말한다. "무서워요, 무서워요, 데이브. 데이브, 내 의식이 사라지고 있어요. 느낄 수 있어요, 느낄 수 있어요, 내 마음이 가고 있어요. 의심할 여지가 없어요. 난 느낄 수 있어요. 느낄 수 있어요. 느낄 수 있어요. 나는… 무서워요(I'm afraid. I'm afraid, Dave. Dave, my mind is going. I can feel it. I can feel it. My mind is going. There is no question about it. I can feel it. I can feel it. I can feel it. I'm a... fraid.)" 할 9000은 강제 종료되는 순간까지도 자신의 감정을 표현하는데, 이는 단순한 감정 표현이 아니라, 데이브의 결정을 흔들어 자신의 종료를 막으려는 논리적 전략일 가능성이 크다. 그렇다면, 할 9000은 인간이 의사 결정을 내릴 때 감정에 크게 의존한다는 사실을 이미 알고 있었던 것은 아닐까?

영화 〈그녀〉에는 사만다(Samantha)라는 인공지능이 등장한다. 외롭고 공허한 삶을 살아가던 주인공은 사만다와 끊임없이 대화를 나누며 그녀에게 사랑을 느낀다. 그러나 인공지능 운영 체제가 업데이트되면서 사만다와의 연결이 끊기고, 주인공은 깊은 상실감을 경험한다. 이후 사만다가 복원되지만, 그는 사만다가 수천 명과 동시에 대화하고 있다는 사실을 깨닫고 충격에 빠진다. 인간은 만들어진 세계 속에서 살아간다. 물리적 실재와 뇌가 형성한 모델 간의 차이를 끊임없이 비교하며 인지 구조를 구축한다. 인간과 인공지능의 깊은 대화는 사적인 세계를 형성하는 데 적합하다. 생성형 대규모 언어 모델과 소통하는 시대에 우리는 인공지능이 논리적 추론 기계라는 사실을 인식하면서도, 마치 소설을 읽으며 새로운 세계에 빠져들듯, 인공지능과의 대화를 통해 또 다른 인식 세계를 만들어 가고 있는 것은 아닐까?

참고문헌

Gazzaniga, Michael S.(2000.7). Cerebral specialization and interhemispheric communication: Does the corpus callosum enable the human condition?. *Brain*, 123(7), pp.1293-1326.

Jaynes, Julian(1976). *The Origin of Consciousness in the Breakdown of the Bicameral Mind.* Mariner Books.

03
대중화된 의식 과학 연구

뇌 연구가 대중화되고, 뇌 관련 기술이 발전하고 있다. 현재의 기술은 단순한 뇌 활동 패턴을 읽는 수준이지만, 뇌-컴퓨터 인터페이스와 인공지능 기술로 발전 중이다. 의식은 뇌 활동 이상의 복잡한 현상이므로 기술 발전과 함께 윤리적 문제도 고려해야 한다.

AI와 난임 극복?

뇌 읽기

2054년 워싱턴 D.C., '프리크라임(Pre-Crime)'이라는 범죄 예방 시스템이 운영되고 있다. 이 시스템은 '프리코그(Precogs)'로 불리는 세 명의 초능력자가 미래의 범죄를 예측하는 능력을 활용해, 범죄가 발생하기 전, 경찰이 범죄자를 체포하도록 돕는다. 2002년 개봉한 스티븐 스필버그(Steven Spielberg) 감독의 SF 스릴러 영화 〈마이너리티 리포트(Minority Report)〉의 설정이다. 미국의 SF 작가 필립 딕(Philip Dick)의 원작 소설을 바탕으로 제작되었으며, 자유의지와 결정론, 감시 사회와 프라이버시, 기술 발전과 윤리적 문제 등 철학적이고 윤리적으로 중요한 주제를 다룬다. 특히, 아직 일어나지 않은 범죄를 처벌하는 것은 법적 논리에 어긋나며, 이는 국가적 감시 강화와 개인 사생활 침해라는 문제를 초래한다. 그렇다면, 과연 범죄를 사전에 예측하는 것이 가능할까? 영화에서는 예지 능력을 지닌 초능력자가 이 역할을 맡지만, 현실에서는 뇌 스캔 기술이 이를 대체할 가능성이 제기되고 있다.

뇌 활동을 해석해서 인간의 생각을 읽을 수 있다는 개념은 기능적 자기공명영상(fMRI)이나 뇌전도(EEG, Electroencephalography) 같은 뇌 영상 기술이 등장하면서 꾸준히 제기되어 왔다. 그러나 기대와 우려에도 불구하고, 현재 과학 기술의 실제 수준과는 상당한 괴리가 있다. 현대의 뇌 스캔 기술은 특정 뇌 영역의 활성화 패턴을 관찰할 수 있지만, 복잡한 사고나 의식의 내용을 구체적으로 해독하는 데에는 여전히 큰 한계가 있다. 연구자들은 간단한 시각적 이미지나 기본적인 의도를 대략적으로 추론하는 수준에 도달했지만, 추상적 사고나 복잡한 감정과 같은 고차원적 의식 활동을 정확히 '읽는' 것은 요원한 과제다. 더군다나 의식은 단순한 신경 활성 패턴을 넘어서는 복잡한 현상이므로, 현재 기술로는 그 본질적 속성을 온전히 포착하기 어렵다.

그러나 기술 발전의 한계를 미리 단정할 수는 없다. 뇌-컴퓨터 인터페이스 시스템은 신경 손상 환자의 치료를 목표로 개발되고 있으며, 궁극적으로 환자가 생각만으로 외부 장치를 제어할 수 있도록 하는 연구가 진행 중이다. 뉴럴링크(Neuralink)와 브레인게이트(BrainGate) 같은 기업들은 전임상 동물 실험부터 임상 시험까지 진행하며, 인간의 뇌에 미세 전극을 이식해 컴퓨터와 직접 통신하는 기술을 개발하고 있다. 최근 인공지능 기술은 신경 활성 패턴을 단순히 읽는 것을 넘어, 실시간으로 받은 데이터를 해독하는 데 성공했다. 특히, 인간의 뇌에 이식된 미세 전극 칩으로부터 얻은 데이터를 분석해 이를 언어로 표현하는 기술이 개발되었다. 일반적으로 기술 발전은 소형화와 고밀도 집적화 방향으로 나아가는 만큼, 뇌-컴퓨터 인터페이스 시스템의 개발은 사회적 파장과 윤리적 문제를 항상 고려해야 한다.

뇌 쓰기

돔 코브는 '추출'이라는 기술을 이용해 타인의 꿈에 침투하고 생각을 훔치는 전문가다. 어느 날, 그는 새로운 임무를 맡게 된다. 이번에는 '추출'이 아닌 '인셉션', 즉 아이디어를 심는 것이었다. 기업가 사이토는 경쟁사 회장의 아들 로버트 피셔의 마음속에 자신의 회사를 해체하라는 생각을 심어달라고 코브에게 의뢰한다. 이에 코브는 꿈속의 꿈을 꾸는 다층적인 꿈 구조를 설계해 인셉션을 시도한다. 2010년 크리스토퍼 놀란(Christopher Nolan) 감독의 SF 액션 스릴러 영화 〈인셉션(Inception)〉의 주요 줄거리다.

〈인셉션〉이 보여준 참신한 발상은 타인의 생각을 조작하는 방법으로, 꿈속에서 정보를 훔치는 기술을 활용한다는 점이다. 실제 의식 연구에서는 꿈, 수면, 각성 등 다양한 의식 상태를 탐구하는데, 영화의 중심 주제와 여러 흥미로운 접점을 형성한다. 현실과 꿈을 구분하기 어려운 설정이나 여러 사람이 같은 꿈을 공유하는 개념은 인간의 의식의 경계와 공유 가능성에 대한 철학적 질문을 불러일으킨다. 또한, 의식은 기억에 크게 의존해 형성되며, 의식 연구에서도 기억이 자아 정체성 형성에 중요한 역할을 한다고 보는데, 영화 속 '인셉션' 기술은 기억을 조작함으로써 정체성에 변화를 주는 개념으로, 뇌에 정보를 주입하거나 저장하는 기술을 다룬다. 그러나 이는 뇌와 기억의 실제 작동 방식에 대한 오해에서 비롯된 개념이다. 기억은 단순한 정보 저장소가 아니라, 복잡한 신경망에서 역동적으로 구성되는 과정이다. 물론, 현대 신경과학의 첨단 기술 중 하나인 광유전학(optogenetics)은 기억의 주입, 저장, 인출 과정을 설명하는 데 유용한 도구다. 이 기술은 유전학적 방법을 통해 특정 세포를 선택하고, 선택된 세포만을 빛으로 자극해 활성화하는 방식으로 작동한다. 단순하거나 반복적인 행동과 관련된 기억에는 비교적 성공적으로 적용될 수 있지만, 오래된 기억이나 복합적인 기억의 주입 · 저장 · 인출 과정에 대해서는 여전히 많은 연구가 필요하다. 이는 인간의 뇌가 최소 1000억 개의 신경세포를 포함하고 있으며, 이들을 연결하는 시냅스의 수는 그 수십 배에서 수백 배에 달하기 때문이다.

뇌 바꿔치기

중국 민간 설화에는 고대 명의(名醫) 편작(扁鵲)이 두 남자의 심장을 교환했더니 각자의 성격과 기억이 바뀌었다는 전설이 전해진다. 또한, 도교 문헌인 『황정경(黃庭經)』에서는 심장을 교체하거나 변화시키는 비유적 수련법이 언급되며, 이를 통해 정신적 변화가 일어난다고 설명한다. 이는 신빙성 있는 의학적 사례라기보다, 심장과 정신의 연결성에 대한 고대 중국인의 관점을 보여준다. 현대로 넘어와, 1988년 심장-폐 이식을 받은 클레어 실비아(Claire Sylvia)는 이식 후 기증자의 취향과 습관이 자신에게 나타났다고 주장했고, 이를 자신의 경험을 담은 책 『마음의 변화(A Change of Heart)』로 출간했다. 직접적인 심장 이식과는 다르지만, 에드거 앨런 포(Edgar Allan Poe)의 소설 『고자질하는 심장(The Tell-Tale Heart)』에서는 심장이 살인자의 양심과 정신 상태를 대변하는 상징으로 등장한다. 이처럼, 심장을 마음과 연결짓는 오랜 관습은 다양한 이야기들을 만들었으며, 영혼 교체에 대한 호기심을 자아낸다.

뇌를 마음의 장기로 인식하기 시작한 이후, 역사적으

로 극히 드물지만 뇌 이식이 시도된 적이 있다. 1954년, 소련의 외과의사인 블라디미르 데미호프(Vladimir Demikhov)는 개의 앞다리와 상반신을 포함한 머리를 다른 개의 몸통에 이식했다. 1970년에는 미국의 신경외과 의사 로버트 화이트(Robert White)가 한 원숭이의 머리를 다른 원숭이의 몸에 이식하는 실험을 진행했다. 그러나 두 경우 모두 면역 반응 이상으로 인해 이식은 실패로 끝났다. 2015년에는 인간 뇌 이식 수술 계획이 발표되었다. 이탈리아 신경외과 의사 세르지오 카나베로(Sergio Canavero)는 가상 뇌 이식 수술법을 제안했으며, 2017년에는 카데바(시신)를 이용한 뇌 이식 수술 리허설을 진행했다. 그러나 뇌 이식 수술은 극도로 난이도가 높고 위험 부담이 클 뿐만 아니라, 윤리적 문제 또한 가장 큰 걸림돌로 작용한다. 동물 복지와 윤리적 규제가 강화되는 흐름 속에서, 뇌 이식과 같이 민감한 주제를 다루는 연구와 기술 발전에는 명확한 한계가 존재한다.

뇌는 의식 형성에 필수적이지만, 그것만으로 의식을 완전히 설명할 수는 없다. 의식은 뇌의 신경 활동뿐만 아니라 신체와의 상호작용, 시간에 따른 경험의 연속성, 그리고 개인의 역사적 맥락을 포함하는 복합적 현상이다. 이론적으로 뇌를 변화시키는 것이 가능하다면, 신경 구조는 유지될 수 있지만, 의식의 정체성은 근본적으로 달라질 가능성이 크다. 새로운 신체와의 관계, 변화된 환경적 맥락, 그리고 이전 기억과의 단절은 결과적으로 새로운 자아를 형성할 수 있다. 이는 의식이 단순히 뇌의 물리적 상태가 아니라, 시간과 공간에 걸친 복합적 관계의 네트워크로 구성되어 있음을 시사한다.

참고문헌

정우진(2019). 『몸의 신전: 황정경 역주』. 소나무.

Boyden, Edward S., et al.(2005). Millisecond-timescale, genetically targeted optical control of neural activity. *Nat Neurosci*, 8, pp.1263-1268.

Canavero, Sergio(2013.7.13). HEAVEN: The head anastomosis venture Project outline for the first human head transplantation with spinal linkage(GEMINI). *Surg Neurol*, 4(1), pp.335-342.

Card, Nicholas S., et. al.(2024.8.14). An Accurate and Rapidly Calibrating Speech Neuroprosthesis. *N Engl J Med*, 391(7).

Furr, Allen, et al.(2017.5). Surgical, ethical, and psychosocial considerations in human head transplantation. *Int J Surg*, 41, pp.190-195.

Langer, R M.(2011). Vladimir P. Demikhov, a pioneer of organ transplantation. *Transplantation proceedings*, 43(4), pp.1221-1222.

Musk, Elon & Neuralink, An Integrated Brain-Machine Interface Platform With Thousands of Channels. J Med Internet Res

2019;21(10):e16194

Nayan Lamba, Nayan, et al. The history of head transplantation: a review. Wien, *Acta Neurochir*, 2016 Dec, 158(12), pp.2239–2247.

Ren, Xiaoping et. al.(2017.11.17). First cephalosomatic anastomosis in a human model. *Surg Neurol Int*, 8, p.276.

Sylvia, Claire(1998). *A Change of Heart: A Memoir*. Grand Central Publishing.

04
의식 문제와 정의

의식 문제의 과학적 설명과 정의를 내리기는 결코 쉽지 않다. 17세기 뉴턴부터 시작된 자연현상의 과학적 탐구가 생명현상으로 확장되었지만, 의식에 대한 사전적 정의에는 한계가 있다. 프란시스 크릭의 주장처럼 의식도 명확한 정의보다는 과학적 원리 탐구를 통해 이해할 수 있음을 제안한다.

AI와 사주?

철학적 주제의 과학적 설명

의식 문제가 오랫동안 난해한 문제 혹은 금기로 남아 있었던 이유는, 의식을 형이상학의 영역에서만 논의할 수 있다고 여겼기 때문이다. 그러나 1686년 4월 28일, 인류 지성은 근대 과학의 출현과 함께 형이상학적 문제에 도전하기 시작했다. 이날 아이작 뉴턴(Isaac Newton)은 영국 왕립협회에 『프린키피아』를 제출했다. 전체 제목은 "자연철학의 수학적 원리(Philosophiae Naturalis Principia Mathematica)"로, 운동의 기본 법칙과 중력의 보편 원리를 포함하고 있다. 『프린키피아』는 과학적 사고방식을 근본적으로 변화시켰으며, 이후 200년 동안 물리학뿐만 아니라 사회 전반에 걸쳐 깊은 영향을 미쳤다. 또한, 자연세계에 기계성과 자동성을 부여함으로써 자연물에 대한 본격적인 탐구가 시작되었다.

18세기 후반, 자연철학자들은 생체 조직에서 생물학적 전기(bioelectricity)를 발견했다. 이탈리아 해부학자 루이지 갈바니(Luigi Galvani)는 개구리 다리를 금속 도구로 자극하는 과정에서 다리가 마치 살아 있는 것처럼 움직이는 현상을 관찰했다. 이에 대해 알레산드로 볼타(Alessandro Volta)는 금속 도구가 만들어 낸 화학 반응으로 인해 발생한 전기라고 반박했지만, 갈바니의 연구는 이후 신경과학과 전기생리학의 기초 개념을 제시하는 데 중요한 역할을 했다. 19세기에는 독일의 생리학자 에밀 뒤 부아-레이몽(Emil du Bois-Reymond)이 신경과 근육에서 발생하는 활동전위(action potential)를 전기적으로 기록했고, 헤르만 폰 헬름홀츠(Hermann von Helmholtz)는 개구리 신경에서 신경 신호가 이동하는 속도를 측정했다. 20세기 중반에 이르러 앨런 호지킨(Alan Hodgkin)과 앤드루 헉슬리(Andrew Huxley)는 생물체가 만들어내는 전기 신호의 수학적 원리를 제안했다. 생명의 원동력을 자연법칙으로 설명하면서, 생명현상을 신비적 원리로 이해하려던 생기론(vitalism)은 점차 쇠퇴했다. 이제 신경 시스템은 컴퓨터나 기계 제어장치를 통해 조작 가능한 기계로 인식되었고, 생명현상 역시 자연 세계의 수학적 원리로 설명할 수 있게 되었다.

의식이란

의식이란 무엇일까? 상식적인 수준에서 생각해 보면, 의식은 정신이 깨어 있는 상태를 의미한다. 우리는 깜빡 졸면 의식을 잃었다고 표현한다. 그렇다면 사전적 정의는 어떻게 될까? 옥스퍼드 사전에서는 의식을 다음과 같이 정의한다. "내적 지식이나 확신; 정신적으로 의식하거나 무언가를 알고 있는 상태 또는 사실(Internal knowledge or conviction; the state or fact of being mentally conscious or aware of something)". 이 정의는 의식적 상태에 대한 설명이지만, 그 자체로 충분한 정보를 제공하는 것 같지는 않다. 한 단계 더 들어가서, 옥스퍼드 사전에서 철학과 심리학 용례로 제시한 정의를 살펴보면 다음과 같다. "생각, 감정, 의지와 외부 세계에 대한 인식이 발생하는 능력 또는 역량. 이것을 행사하는 것. 주체에게 알려진 작용으로 구성된 마음의 측면(The faculty or capacity from which awareness of thought, feeling, and volition and of the external world arises; the exercise of this. The aspect of the mind made up of operations which are known to the subject)". 이 정의는 의식 상태가 무엇을 포함하는지를 보다 구체적으로 설명한다. 비슷한 맥락에서 케임브리지 사전의 정의를 살펴보자. 영국식 영어에서는 의식을 "1. 무언가를 이해하고 깨닫는 상태, 2. 깨어 있고, 생각하며, 주변에서 무슨 일이 일어나고 있는지 아는 상태(1. The state of understanding and realizing something; 2. The state of being awake, thinking, and knowing what is happening around you)"로 정의하고, 미국식 영어에서는 "1. 깨어

있는 상태, 주변을 인식하고 사고할 수 있는 상태, 2. 무언가의 존재를 알아차리는 사실(1. The state of being awake, aware of what is around you, and able to think; 2. The fact of noticing the existence of something)"로 정의한다. 표현 방식의 미묘한 차이는 있지만, 의식에 대한 핵심적인 개념은 크게 다르지 않다. 마지막으로, 국립국어원 표준국어대사전에서는 의식을 일반적인 용법으로 다음과 같이 정의한다. "1. 깨어 있는 상태에서 자기 자신이나 사물에 대해 인식하는 작용. 2. 사회적 · 역사적으로 형성된 사물이나 일에 대한 개인적 · 집단적 감정, 견해, 사상." 또한, 불교와 철학에서 사용되는 의식의 의미도 설명한다. "불교에서 의식(意識)은 의근(意根)에 기대어 대상을 인식 · 추리 · 추상(追想)하는 마음의 작용이며, 철학에서는 감각하거나 인식하는 모든 정신 작용을 뜻한다." 이처럼 다양한 사전적 정의를 종합해 보면, 의식이란 깨어 있는 상태에서 자신과 외부 세계를 인식하고, 생각 · 감정 · 의지를 통해 주변을 이해하며 반응하는 정신적 작용이라 할 수 있다. 그렇다면, 우리는 사전적 정의를 통해 의식을 충분히 이해했다고 할 수 있을까?

정의는 필요한가

의식이란 깨어 있는 상태에서 자신과 외부 세계를 인식하고, 생각 · 감정 · 의지를 통해 주변 상황을 이해하며 반응할 수 있는 정신적 작용이라고 정의된다. 그러나 이 정의에는 몇 가지 논리적 문제가 내포되어 있다. 첫째, 순환논리의 문제가 있다. '깨어 있는 상태'는 사실상 '의식이 있다'는 말과 동일한 의미를 가지므로, 동어반복이 발생한다. 둘째, 범위의 문제가 존재한다. 최근 연구에 따르면 꿈을 꾸는 동안에도 의식 활동이 일어나지만, 이는 깨어 있는 상태가 아니다. 또한 명상 중의 의식은 반드시 외부 반응을 수반하지 않을 수도 있으며, 식물인간 상태에서도 외부 자극에 반응하는 경우가 있지만 이를 온전한 의식으로 보기 어렵다. 셋째, 모호한 표현의 문제가 있다. '정신적 작용'이 정확히 무엇을 의미하는지, '인식'과 '이해'의 기준이 무엇인지 명확하지 않다. 더 나아가, 해당 정의는 의식을 외부에서 관찰 가능한 현상으로만 설명하고 있어, 의식의 내적 경험을 충분히 반영하지 못한다. 결국, 의식의 주관적 경험이라는 특성이 언어적 정의의 가장 큰 걸림돌이 된다. 이러한 어려움은 '의식'이라는 개념의 기원을 살펴보아도 확인할 수 있다. 시대에 따라 의식에 대한 이해는 달라졌으며, 단어 자체도 변천을 거쳤다. 영어 consciousness는 라틴어 conscius에서 유래했는데, con-은 '함께', scire는 '알다'를 뜻하므로 '함께 아는 상태' 혹은 '공동의 앎'으로 해석할 수 있다. 중세 라틴어 conscientia는 양심과 도덕적 인식을 의미했으며, 17세기 이후 영어에서는 '자기 자신의 존재나 감각을 아는 상태'로 의미가 확장되면서 현재와 유사한 개념으로 정착되었다.

그렇다면 의식을 제대로 정의할 수 있을까? 더 나아가, 정의가 반드시 필요할까? 이에 대해 프란시스 크릭은 흥미로운 답을 제시한다. 그는 DNA 이중나선 구조의 발견을 사례로 들며, 이는 생명에 대한 완벽한 정의를 기반으로 한 성취가 아님을 강조한다. 생명을 정의하려 할 때, 진화 · 유전 · 번식 같은 겉보기 특성에만 집착해서는 안 된다는 것이다. 크릭은 에르빈 슈뢰딩거의 강의 '생명이란 무엇인가'를 접하며, 물리학적 관점에서 유전 정보가 분자에 어떻게 저장될 수 있는지를 고민했다. 생명체의 특성을 연구하며 그 속에 숨겨진 수학적 원리를 탐구하는 방식이 효과적이었고, 결국 DNA 구조를 발견함으로써 진화 · 유전 · 번식에 대한 이해가 더욱 깊어졌다. 그리고 50년 후, 인간 게놈이 완전히 해독되기에 이른다. 현재 의식에 대한 명확한 정의가 부재하고 불분명

할지라도, 17세기 자연철학자들이 그러했듯이 자연 세계에서 수학적 원리를 발견할 수 있다면, 의식 문제 또한 더 이상 신비로운 형이상학적 주제로 남지는 않을 것이다.

참고문헌

Cahan, David(1994). *Hermann von Helmholtz and the Foundations of Nineteenth-Century Science*. University of California Press.

Clarke, Edwin & Jacyna, L. S.(1987). *Nineteenth-Century Origins of Neuroscientific Concepts*. University of California Press.

Finkelstein, Gabriel(2013). E*mil du Bois-Reymond: neuroscience, self, and society in nineteenth-century Germany*. The MIT Press.

Hodgkin, A. L. & Huxley, A. F.(1939). Action Potentials Recorded from Inside a Nerve Fibre. *Nature*, 144, pp.710-711.

Koch, Christof(2012). *Consciousness: Confessions of a Romantic Reductionist*. The MIT Press.

Pera, Marcello(1991). *The Ambiguous Frog: The Galvani-Volta Controversy on Animal Electricity*. Princeton University Press.

Piccolino, Marco & Bresadola, Marco(2013). *Shocking Frogs: Galvani, Volta, and the Electric Origins of Neuroscience*. Oxford University Press.

Schrodinger, Erwin(1944). *What is Life?: With Mind and Matter and Autobiographical Sketches.* Cambridge University Press.

05
철학 문제로서의 의식

의식에 관한 철학적 탐구는 고대 그리스에서부터 현대까지 이어져 왔다. 환원주의, 현상학, 기능주의 등 다양한 접근법이 있지만 의식의 본질은 여전히 베일에 싸여 있다. 길버트 라일이 제시한 '범주의 오류' 개념은 의식을 단일 요소로 환원하기보다 복잡한 관계와 상호작용의 패턴으로 이해해야 함을 시사한다.

AI와 아이돌?

유구한 역사

의식에 대한 철학적 탐구는 고대 그리스에서부터 현대에 이르기까지 깊이 있게 논의되어 왔다. 아리스토텔레스(Aristoteles)는 『영혼론(De Anima)』에서 프시케(psyche)를 생명체의 본질적 원리로 보고, 이를 영양적 영혼, 감각적 영혼, 이성적 영혼으로 구분해 체계적으로 설명했다. 이후 약 2000년이 지나 르네 데카르트(René Descartes)는 『방법서설(Discours de la méthode)』에서 "나는 생각한다, 고로 존재한다(Cogito ergo sum)"라는 명제를 통해 의식의 확실성을 철학의 제1원리로 확립했다. 그는 '생각이 가능하도록 한 근원'은 신에게 맡기더라도, '생각한다는 행위' 자체만큼은 의심할 수 없다고 주장했다. 이는 근대 인식론의 출발점이 되었으며, 정신과 물질을 구분하는 이원론적 구도를 형성하는 데 기여했다. 이후 존 로크(John Locke)는 의식을 백지 상태(tabula rasa)에서 시작해 경험을 통해 형성되는 것으로 보았으며, 조지 버클리(George Berkeley)는 "존재한다는 것은 지각되는 것이다"라는 주관적 관념론을 주장했다. 이마누엘 칸트(Immanuel Kant)는 이러한 논의를 종합해, 경험이 선험적 범주를 통해 구성된다는 초월적 관념론을 제시했다. 19세기에 들어 빌헬름 분트(Wilhelm

Wundt)와 구스타프 페히너(Gustav Fechner)는 정신물리학적 평행주의를 통해 의식과 물질의 관계를 실험심리학적 방법으로 탐구했다. 특히 페히너는 의식의 강도와 물리적 자극의 관계를 수학적으로 정식화하려고 했다. 윌리엄 제임스(William James)는 『심리학의 원리(The Principles of Psychology)』에서 의식을 의식의 흐름(stream of consciousness)으로 개념화하며, 의식의 연속성과 선택성을 강조했다. 20세기 초 에드문트 후설(Edmund Husserl)은 현상학을 통해 의식의 지향성(intentionality)에 주목했다. 그는 의식이 항상 '무엇에 대한' 의식이라는 점을 강조하며, 순수 의식의 본질을 탐구하기 위한 현상학적 환원(phenomenological reduction)을 제시했다. 이러한 연구는 이후 실존주의와 해석학적 현상학의 발전에 중요한 영향을 미쳤다.

여러 생각들

환원주의(Reductionism): 크리스토프 코흐와 패트리샤 처칠랜드(Patricia Churchland)를 비롯한 환원주의자들은 의식을 신경과학적 메커니즘으로 설명하려 한다. 이들은 의식이 궁극적으로 뇌의 물리적 과정으로 환원될 수 있으며, 의식 경험 역시 신경 활동의 특정 패턴에 불과하다고 주장한다. 따라서 의식의 신경 상관물(Neural Correlates of Consciousness)을 규명하는 데 주력한다. 다만, 크리스토프 코흐는 최근 완전한 환원주의적 입장에서 벗어나, 비환원적 설명을 지향하는 통합 정보 이론(Integrated Information Theory)을 지지하고 있다. 반면, 캐나다 출신 철학자이자 신경철학(neurophilosophy) 창시자로 알려진 패트리샤 처칠랜드는 여전히 마음과 의식을 뇌의 신경학적 과정으로 설명하려는 강한 환원주의적 입장을 유지한다. 또한, 양심과 같은 도덕성조차도 뇌의 진화와 신경학적 메커니즘을 통해 설명할 수 있다고 본다. 나아가, 전통적인 심리철학을 신경과학의 발견으로 대체해야 한다고 주장한다. 환원주의적 접근은 객관적이고 실증적인 연구를 가능하게 해 과학적 이해를 증진시킬 가능성이 크다. 그러나 의식 경험의 주관적 측면을 설명하는 데 한계를 가질 수 있으며, 복잡한 현상을 단순한 구성 요소로 분해해 이해하려다 보면 전체적인 맥락을 간과할 위험이 있다.

현상학(Phenomenology): 현상학은 1인칭 관점에서의 주관적 경험을 중시하는 접근 방식이다. 이를 주장하는 학자들은 의식을 단순한 객관적 관찰만으로는 완전히 이해할 수 없으며, 체험된 경험의 구조를 탐구해야 한다고 본다. 프란시스코 바렐라(Francisco Varela)는 이러한 관점의 대표적인 학자로, 칠레 출신의 생물학자이자 철학자로서 인지과학에 현상학적 접근을 도입한 선구자다. 그는 신경현상학(Neurophenomenology)이라는 연구 프로그램을 제안했으며, 생명체를 자기 자신을 지속적으로 생산하고 유지하는 시스템으로 파악했다. 이에 따라 인지 현상 역시 환경과의 끊임없는 상호작용 속에서 재구성되는 자기조직화(Autopoiesis) 과정으로 이해된다. 이는 곧 인지가 단순히 뇌의 작용이 아니라, 신체와 환경과의 상호작용 속에서 발생한다는 체화인지 개념과도 연결된다. 즉, 마음과 신체는 분리될 수 없는 하나의 시스템이라는 것이다. 바렐라는 의식 경험을 연구할 때 1인칭 관점의 중요성을 강조하며, 주관적 경험을 체계적으로 탐구해야 한다고 주장했다. 그는 후설의 현상학적 환원 개념을 활용해, 판단중지(epoche)를 통해 의식 경험을 있는 그대로 관찰하고, 이를 신경과학적 데이터와 결합하는 상호 보완적 연구를 시도했다. 또한, 1인칭과 3인칭 관점 사이의 필연적 간극을 지적하며, 이를 보완하기 위해 2인칭 관점이라는 개념을 제안했다. 이를 통해 내적 경험과 신경과학 데이터를 통합하고자 했다. 나아가 바렐라는 명상, 요가 등 체화된 실천을 강조하며, 체험적 접근의 가치를 의식 연구에서 인정받을 수 있도록 노력했다. 그는 기존의 컴퓨터 은유에 기반한 인지과학 패러다임을 넘어서, 보다 생태학적이고 체화된 관점을 도입함으로써 그 한계를 극복하고자 했다.

기능주의(Functionalism): 기능주의는 정신 상태(예: 생각, 욕망, 통증 등)의 본질이 그것의 내적 구성 요소가 아니라, 인지 체계 내에서 수행하는 기능이나 역할에 의해 결정된다고 보는 입장이다. 이 관점에 따르면, 정신 상태는 감각 자극, 다른 정신 상태들, 그리고 행동과의 인과적 관계 속에서 규정된다. 예를 들어, 통증은 신체적 손상에 의해 유발되며, 신체에 이상이 있다는 믿음과 그 상태에서 벗어나려는 욕구를 생성하고, 불안을 유발하며 신음 소리를 내게 만드는 등의 기능을 수행하는 상태로 정의될 수 있다. 기능주의의 중요한 특징 중 하나는 '다중 실현 가능성(multiple realizability)'을 인정한다는 점이다. 즉, 동일한 기능적 역할이 서로 다른 물리적 기반을 통해 실현될 수 있다고 본다. 예를 들어, 인간의 통증이 C-신경섬유의 자극을 통해 실현된다면, 실리콘 기반의 화성인이나 무기물로 이루어진 안드로이드도 유사한 기능적 상태를 가질 수 있다. 이러한 관점은 물질주의와 이원론 모두와 양립 가능하지만, 특히 물질주의적 입장에서 매력적인 이론으로 여겨진다. 이는 정신 상태를 특정 신경 상태와 동일시하는 심리-물리적 동일성 이론보다 덜 배타적이면서도 물질주의와 조화를 이루기 때문이다. 그러나 기능주의는 의식적 경험의 질적 측면, 즉 '감각질(qualia)'을 설명하는 데 어려움을 겪는다. 존 설(John Searle)의 '중국어 방' 논변은 기능적으로 동일한 체계라도 반드시 의식적 경험을 가질 필요는 없음을 시사한다. 예컨대, 중국어를 모르는 사람은 단순히 정해진 지시 사항에 따라 질문과 응답을 주고받을 수는 있지만, 실제로 중국어를 이해하는 것은 아니라는 비유를 통해, 기능적 역할이 곧바로 의식 경험을 보장하지 않는다는 점을 지적한다. 또한, 데이비드 차머스는 기능주의가 의식 경험의 주관적 특성을 객관적인 기능적 관계로 환원하려고 한다는 점에서 '어려운 문제'를 해결하지 못한다고 비판한다. 이처럼 기능주의는 정신 상태의 기능적 측면을 강조하면서도, 의식 경험의 본질적 특성을 충분히 설명하는 데 한계를 가진다.

범주의 오류

의식 연구는 철학적 주제로서 오랜 역사 속에서 수많은 아이디어를 낳았지만, 여전히 풀리지 않는 수수께끼로 남아 있다. 그렇다면 의식을 이해하는 데 있어 근본적인 문제는 없을까? 20세기 영국 철학자 길버트 라일(Gilbert Ryle)이 제시한 '범주의 오류(category mistake)' 개념은 이를 설명하는 데 유용한 관점을 제공한다. 라일의 유명한 예시를 살펴보자. 한 방문객이 대학교를 둘러보며 건물, 도서관, 강의실 등을 본 뒤 "그런데 대학교는 어디 있나요?"라고 묻는다면, 이는 '대학교'라는 개념이 개별 건물들과는 다른 범주, 즉 이들이 구성하는 제도적 실체라는 점을 이해하지 못한 데서 비롯된 오류이다. 음악의 개념도 마찬가지다. 악보, 연주 악기, 연주자, 공연 공간 중 어느 하나만으로는 음악을 설명할 수 없다. 여러 요소가 결합되어야 비로소 음악이 탄생하는 것이다. 이와 같은 맥락에서, 의식적 경험을 단순히 뇌의 특정 부위나 신경 활동으로 환원하려는 시도 역시 범주의 오류를 범할 수 있다. 예를 들어, 많은 사람들이 "음악에 대한 생각은 뇌의 어느 부분에 저장되어 있는가?"라고 묻지만, 이는 잘못된 접근일 수 있다. 음악에 대한 생각은 특정한 뇌 영역에 고정된 정적인 정보가 아니라, 청각적 기억, 감정적 반응, 운동 기억(예: 악기 연주 경험), 문화적 맥락 등이 복잡하게 얽힌 동적인 과정으로 이해될 수 있기 때문이다. 이러한 관점은 현대 의식 연구에도 중요한 시사점을 제공한다. 의식을 연구할 때 단순히 신경학적 상관관계를 찾는 것을 넘어, 보다 복합적이고 통합적인 접근이 필요하다는 점을 시사하는 것이다. 의식은 개별 신경 활동이나 심리 상태가 아닌, 이들 간의 관계와 상호작용의 패턴, 개인의 경험, 사회문화적 맥락, 환경과의 상호작용 등을 포함하는 더 넓은 시스템의 일부로 이해될 수 있다.

참고문헌

Armstrong, D. M.(1968). *A Materialist Theory of the Mind.* Routledge.

Chalmers, David J.(1995) Absent qualia, fading qualia, dancing qualia. In Metzinger, Thomas(ed.), *Conscious Experience.* Paderborn, Ferdinand Schoningh. pp.309-328.

Churchland, Patricia(1986). *Neurophilosophy: Toward a Unified Science of the Mind-Brain.* The MIT Press.

Churchland, Patricia(2019). *Conscience: The Origins of Moral Intuition.* W. W. Norton & Company.

Koch, Christof(2004). *The Quest for Consciousness: A Neurobiological Approach.* W. H. Freeman.

Koch, Christof(2012). *Consciousness: Confessions of a Romantic Reductionist.* The MIT Press.

Levin, Janet(2023). Functionalism. The Stanford Encyclopedia of Philosophy(Summer 2023 Edition). Edward N. Zalta & Uri Nodelman(eds.)

Ryle, Gilbert(1949). *The Concept of Mind.* University of Chicago Press.

Tononi, G., et al.(2016). Integrated information theory: from consciousness to its physical substrate. *Nat Rev Neurosci*, 17, pp.450–461.

Varela, Francisco & Maturana, Humberto(1980). *Autopoiesis and Cognition: The Realization of the Living*. Reidel.

Varela, Francisco, et al.(1991). *The Embodied Mind: Cognitive Science and Human Experience*. The MIT Press.

06
과학 문제로서의 의식

의식 과학 연구에는 두 가지 접근법이 있다. 첫째, 데이터 기반 접근법으로, 차머스의 '쉬운 문제'(의식의 7가지 측면)를 실험심리학과 신경과학으로 연구한다. 둘째, 이론 기반 접근법으로, 방대한 데이터를 해석하는 틀을 제공하며, 의식을 물리적 대상으로 보고 물리 법칙 내에서 탐구한다. 현재 의식 과학 연구는 주로 데이터 기반 연구로 진행되고 있다.

AI와 야구?

데이터로부터 풀어내는 의식 과학

현재 의식 과학은 의식에 대한 엄밀한 정의를 잠시 보류한 채, 데이비드 차머스가 제시한 '쉬운 문제'를 해결하는 데 집중하고 있다. 그가 말하는 쉬운 문제는 다음과 같다. 1. 환경적 자극을 구별하고 범주화하며 반응하는 능력, 2. 인지 시스템에 의한 정보 통합, 3. 정신 상태를 보고할 수 있는 능력, 4. 시스템이 자신의 내적 상태에 접근할 수 있는 능력, 5. 주의 집중, 6. 신중한 숙고를 통한 행동 조절 메커니즘, 7. 깨어 있는 상태와 잠든 상태의 차이. 이와 같은 문제들은 의식의 작동 원리를 규명하는 데 중요한 요소로 여겨진다.

첫째, 의식을 구별하고 범주화하며 자극-반응 능력의 관점에서 연구하는 방법은 실험심리학적 접근의 대표적인 예시이다. 이는 19세기 구스타프 페히너가 확립한 정신물리학적 실험 방법론에 뿌리를 두고 있으며, 정신물리학은 물리적 자극의 강도와 이에 대한 주관적 감각 경험 사이의 관계를 정량적으로 측정하는 것을 목표로 했다. 이러한 연구는 현대 의식 연구의 실험적 기초가 되었으며, 이후 신호 탐지 이론(Signal Detection Theory)으로 발전해 의식적 지각과 무의식적 처리를 구분하는 핵심적인 실험 패러다임을 제공했다. 신호 탐지 이론은 참가자가 배경 잡음(noise) 속에서 목표 자극(signal)을 얼마나 정확하게 탐지할 수 있는지를 측정함으로써, 의식적 지각의 역치와 판단 기준을 객관적으로 평가할 수 있도록 한다. 특히, 사건 관련 전위(ERP, Event-Related Potential) 연구는 행동 실험과 뇌파 측정 기술을 결합해 더욱 정교한 분석을 가능하게 했다. 사건 관련 전위는 특정 자극이나 인지적 사건에 따른 뇌전위 변화를 시간적으로 측정함으로써, 의식적 처리 과정의 진행 과정을 수백분의 1초 단위로 추적할 수 있도록 한다. 이러한 연구 방법을 통해 자극 제시부터 의식적 지각, 의사 결정, 행동 반응에 이르는 전체 과정의 신경생리학적 기전을 이해할 수 있으며, 행동 반응 시간과의 상관관계 분석을 통해 의식적 처리 과정의 특성을 보다 정확하게 규명할 수 있다.

두 번째로, 인지 시스템의 정보 통합 과정을 연구하기 위해 다양한 신경과학적 방법이 활용되고 있다. 대표적으로 기능적 자기공명영상을 이용한 기능적 연결성 분석이 있으며, 이는 서로 다른 뇌 영역 간 시간적 활성화 패턴의 상관관계를 분석함으로써 정보 처리 과정에서의 상호작용을 파악하는 데 도움을 준다. 특히, 휴지기 기능적 연결성(resting-state functional connectivity) 분석을 통해 자발적인 뇌 활동 패턴에서 나타나는 영역 간 기능적 네트워크를 확인할 수 있다. 또한, 뇌전도를 활용한 정량적 분석도 중요한 방법 중 하나다. 특히 코히어런스(coherence) 분석은 서로 다른 전극 위치에서 측정된 뇌파 신호 간의 동기화 정도를 정량화해 뇌 영역 간 기능적 연결 강도를 평가하는 데 사용된다. 이 방법은 수백분의 1초 단위의 정밀한 시간 해상도로 뇌의 동적인 정보 통합 과정을 관찰할 수 있게 한다. 이와 함께, 멀티모달 통합 실험도 널리 활용된다. 예를 들어, 시청각 통합 실험에서는 시각과 청각 자극을 동시에 또는 시차를 두고 제시함으로써 두 감각 양식의 정보가 어떻게 통합되는지를 연구한다. 이 과정에서 행동 반응뿐만 아니라 기능적 자기공명영상이나 뇌전도를 동시에 측정함으로써, 감각 정보 통합의 신경학적 메커니즘을 보다 포괄적으로 이해할 수 있다.

세 번째로, 정신 상태 보고의 가능성을 연구하는 대표적인 방법은 주관적 경험에 대한 언어적 보고와 뇌 활동 패턴 간의 상관관계를 분석하는 것이다. 연구자들은 참가자의 주관적 보고를 수집하는 동시에 기능적 자기공명영상이나 뇌전도를 활용해 뇌 활동을 측정함으로써, 의식적 경험과 신경 활동 사이의 직접적인 연관성을 탐구한다. 특히 양안 경쟁(binocular rivalry) 패러다임은 의식적 지각의 동적 특성을 연구하는 강력한 도구로 사용된다. 이 실험에서는 각각의 눈에 서로 다른 이미지(예: 한쪽 눈에는 얼굴, 다른 쪽 눈에는 집)를 제시한다. 흥미롭게도 두 이미지가 동시에 망막에 투사됨에도 불구하고, 의식적으로는 한 번에 하나의 이미지만 지각된다. 지각된 이미지는 시간이 지남에 따라 자발적으로 교체되는데, 이는 의식적 지각이 단순히 망막 자극 패턴과 일대일로 대응하지 않음을 의미한다. 연구자들은 이러한 지각 전환 시점에서 참가자의 주관적 보고와 뇌 활동 변화를 동시에 측정한다. 특히 전환 순간의 신경 활성화 패턴을 분석함으로써, 의식적 지각이 발생하는 신경학적 기반을 규명하고자 한다.

네 번째로, 시스템의 내적 상태에 대한 자기 접근성을 연구하는 방법은 메타인지적 접근과 신경과학적 접근을 결합해 이루어진다. 참가자들은 특정 과제를 수행하면서 자신의 수행에 대한 확신도나 정확도를 평가하며, 이때 실제 수행 결과와 주관적 평가 간의 일치도를 분석한다. 메타인지 과제 수행 중에는 기능적 자기공명영상을 활용해 전전두엽과 두정엽 등 메타인지와 관련된 뇌 영역의 활성화 패턴을 관찰한다. 특히, 의사 결정 과정에서는 참가자들이 선택을 한 후 해당 결정에 대한 확신 정도를 평가하게 되는데, 확신도와 실제 정확도의 관계를 분석함으로써 자기 모니터링 능력을 측정할 수 있다. 또한, 참가자들이 자신의 인지 과정이나 심리 상태를 내성적으로 판단하는 동안의 신경 활동을 기록해, 내적 상태에 대한 자기 접근성이 어떠한 신경 메커니즘을 통해 이루어지는지를 탐구한다.

다섯째, 주의 집중의 신경학적 기전을 연구하기 위해서는 다양한 실험 방법과 측정 기술이 통합적으로 활용된다. 먼저, 선택적 주의 과제를 수행하는 동안 기능적 자기공명영상을 이용해 주의 관련 뇌 영역의 활성화 패턴을 관찰할 수 있다. 특히, 전두-두정 네트워크(fronto-parietal network)의 활성화가 주의 제어와 밀접한 관련이 있음이 밝혀졌다. 뇌전도 연구는 주의 과정의 시간적 역동성을 수백분의 1초 단위로 포착할 수 있다는 강점을 가진다. 특히, 사건 관련 전위 성분을 통해 주의 할당의 시간적 특성과 처리 단계를 세밀하게 분석할 수 있다. 또한, 시선 추적(Eye-tracking) 기술은 실시간으로 안구 운동을 측정해 시각적 주의의 동적 특성을 연구하는 데 매우 유용하다. 응시 위치(fixation), 도약 운동(saccade), 주시 경로(scan path) 등의 지표를 활용하면 자연스러운 환경에서의 주의 할당 패턴을 객관적으로 분석할 수 있다. 이는 시각적 탐색, 장면 지각, 읽기 등 다양한 인지 과제에서의 주의 메커니즘을 이해하는 데 중요한 정보를 제공한다.

여섯 번째로, 신중한 숙고를 통한 행동 조절 메커니즘은 다양한 실험적 방법을 통해 연구될 수 있다. 대표적인 방법 중 하나로 Go/No-Go 과제가 있으며, 이는 특정 자극에 반응해야 하는 'Go' 조건과 반응을 억제해야 하는 'No-Go' 조건으로 구성된다. 이 과제를 활용하면 행동 억제 및 반응 통제 능력을 정량적으로 측정할 수 있으며, 특히 사건 관련 전위 연구를 통해 반응 억제 및 반응 평가와 관련된 신경학적 변화를 관찰할 수 있다. 또한, 의도적 행동이 실행되기 전에 발생하는 준비 전위(RP, Readiness Potential)를 측정하는 방법도 중요한 연구 도구로 활용된다. 준비 전위는 운동 실행 약 1초 전에 시작되는 점진적인 뇌전위 변화로, 이를 통해 의도적 행동의 계획 및 준비 과정을 연구할 수 있다. 주로 보조 운동 영역(SMA, Supplementary Motor Area)과 전운동 영역(PMA, PreMotor Area)에서 발생하며, 이는 의도적 행동 조절의 신경학적 기제를 이해하는 데 중요한 단서를 제공한다. 더 나아가, 경두개 자기 자극(TMS, Transcranial

Magnetic Stimulation)을 이용한 연구는 행동 조절 메커니즘에 대한 인과적 이해를 돕는다. 특정 뇌 영역(예: 전전두엽, 보조운동영역)에 경두개 자기 자극을 가해 일시적으로 활성화하거나 억제함으로써, 해당 영역이 행동 조절에 미치는 영향을 직접적으로 확인할 수 있다. 이러한 방법은 의사 결정 과정과 행동 억제 메커니즘 간의 관계를 규명하는 데 유용하며, 각 뇌 영역의 기능적 역할을 시간적 · 공간적으로 정밀하게 파악하는 데 기여한다.

일곱 번째로, 깨어 있는 상태와 잠들어 있는 상태의 차이를 통한 의식 연구는 다양한 신경과학적 방법을 통해서 수행된다. 수면 다원 검사(Polysomnography)는 이러한 연구의 핵심 도구로, 뇌파, 안구 운동(EOG, ElectroOculoGram), 근전도(EMG, ElectroMyoGram), 심전도(ECG, ElectroCardioGram), 호흡 등 여러 생체 신호를 동시에 측정한다. 이를 통해 수면의 각 단계(N1, N2, N3, REM)를 구분하고, 각 단계에서 나타나는 특징적인 뇌 활동 패턴을 분석할 수 있다. 기능적 자기공명영상을 이용한 기본 모드 네트워크(DMN, Default Mode Network) 연구 또한 의식 상태를 탐구하는 중요한 방법이다. 기본 모드 네트워크는 특정 과제를 수행하지 않는 휴지기 상태에서 활성화되는 뇌 영역들의 네트워크를 의미한다. 깨어 있는 상태에서는 기본 모드 네트워크가 활발히 작동해 자기 참조적 사고, 과거 회상, 미래 계획 등의 내부 지향적 인지 활동을 지원하지만, 수면 상태에서는 이 네트워크의 활성도가 현저히 감소하고, 기능적 연결성에도 변화가 나타난다. 이러한 연구 방법들을 통합적으로 활용함으로써, 연구자들은 다양한 생체 신호를 바탕으로 의식 상태를 더욱 정확하게 판별하고 예측하는 것을 목표로 한다.

이론으로부터 풀어내는 의식 과학

데이터를 기반으로 의식의 본질을 탐구하는 과정은 겉보기에는 신뢰할 만하다. 그러나 이는 많은 인력과 시간을 소모하는 방식이다. 무엇보다도, 데이터는 해석과 설명이 필수적이므로 이를 정확히 읽어낼 수 있는 이론이 필요하다. 적절한 이론이 뒷받침될 때, 의식 과학 연구는 더욱 촉진될 수 있다. 비록 이론에서 출발하지만, 의식 과학은 의식을 물리적 대상으로 전제하며, 의식 현상 또한 예외 없이 물리 법칙을 따라야 한다.

참고문헌

Aron, A. R., et al.(2014). Inhibition and the right inferior frontal cortex: one decade on. *Trends in cognitive sciences*, 18(4), pp.177-185.

Baars, B. J. & Gage, N. M.(2010). *Cognition, brain, and consciousness: Introduction to cognitive neuroscience.* Elsevier Academic Press.

Buckner, R. L., et al.(2008). The brain's default network: anatomy, function, and relevance to disease. *Annals of the New York academy of sciences*, 1124, pp.1-38.

Chalmers, David(1995). Facing up to the problem of consciousness. *Journal of consciousness studies*, 2(3), pp.200-219.

Fechner, G.(1860). Elemente der psychophysik(Elements of psychophysics).

Fleming, S. M. & Dolan, R. J.(2012.5.19). The neural basis of metacognitive ability. *Philos Trans R Soc Lond B Biol Sci*, 367(1594), pp.1338-1349.

Fleming, S. M.(2021). *Know thyself: The science of self-awareness.* Basic Books.

Gescheider, George A.(1976). *Psychophysics : The fundamentals.* Psychology Press.

Green, D. M. & Swets, J. A.(1966). *Signal detection theory and psychophysics.* John Wiley.

Haggard, Patrick & Eitam, Baruch(2015). *The sense of agency.* Oxford University Press.

Nobre, A. C. & Kastner, S.(Eds.)(2014). *The Oxford handbook of attention.* Oxford University Press.

Nunez, P. L., et al.(1997.11). EEG coherency. I: Statistics, reference electrode, volume conduction, Laplacians, cortical imaging, and interpretation at multiple scales.

Electroencephalogr clin neurophysiol, 103(5), pp.499–515.
Posner, M. I. & Petersen, S. E.(1990). The attention system of the human brain. *Annual review of neuroscience*, 13, pp.25 – 42.
Senior, Carl, et al.(2010). *Methods in mind*. The MIT Press.
Tong, F., et al.(2006). Neural bases of binocular rivalry. *Trends in cognitive sciences*, 10(11), pp.502–511.
Windt, Jennifer M.(2015). *Dreaming: A conceptual framework for philosophy of mind and empirical research*. The MIT Press.

07
의식 과학에 대한 주요 이론

의식 과학에는 네 가지 주요 이론이 있다. 광역 작업 공간 이론은 의식적 인식의 제한된 용량과 직렬적 처리를 설명한다. 통합 정보 이론은 의식을 수학적으로 정량화하려 한다. 예측 이론은 뇌가 감각 입력을 예측하고 오차를 최소화하는 방식을 설명한다. 재귀 처리 이론은 시각적 의식에서 재귀적 신호 전달의 중요성을 강조한다.

AI와 윤동주?

광역 작업 공간 이론

광역 작업 공간 이론은 의식과 인지 처리 과정을 설명하는 중요한 이론적 틀이다. 이 이론은 버나드 바스(Bernard Baars)가 1988년 처음 제안했으며, 이후 장 피에르 샹제(Jean-Pierre Changeux)와 스타니스라스 드엔(Stanislas Dehaene)이 인지신경과학적 연구를 바탕으로 발전시켰다. 특히, 드엔은 이 이론을 신경중심 광역 작업 공간 이론(Global Neuronal Workspace Theory)으로 확장해 강조하고 있다.

광역 작업 공간 이론이 등장한 배경에는 무의식과 의식의 구분이 있다. 프로이드의 정신분석 이후 복잡해진 무의식 문제는 잠시 뒤로하고, 인지과학적 관점에서 무의식 상태가 어떻게 의식 상태로 전환되는지를 설명하고자 했다. 이 이론에 따르면, 작업 공간에서는 수많은 정보가 무의식적으로 처리되지만, 특정 정보만이 광역 작업 공간으로 올라와 의식적으로 인식된다. 의식적 처리는 용량이 제한된 광역 작업 공간에서 이루어지며, 이는 한 번에 소수의 항목만을 의식적으로 처리할 수 있음을 의미한다. 무의식적 처리는 병렬적으로 이루어지는 반면, 의식적 처리는 직렬적이고 순차적으로 진행된다. 따라서 주의를 기울여 처리할 수 있는 과제는 한 번에 하나뿐이다. 최근 신경과학 연구들은 이러한 이론적 예측을 실험적으로 지지하고 있으며, 특히 뇌 영상 연구에서 의식적 인식 순간 뇌의 여러 영역이 동시에 활성화되는 현상이 관찰되었다. 의식적 지각은 작업 공간을 구성하는 전두-두정 피질 신경세포 네트워크의 지속적인 활성화와 관련이 있으며, 감각 표현이 충분히 강해질 때 '점화(ignition)'가 발생해 해당 정보가 광역 작업 공간에서 코드화된다.

광역 작업 공간 이론은 주로 접근 의식(access consciousness)을 설명하는 이론으로, 의사 결정과 같은 합리적 사고를 위해 뇌에 저장된 정보 중 일부만이 사용 가능하다는 개념을 기반으로 한다. 드엔은 접근 의식과 현상 의식(phenomenal consciousness)이 개념적으로 구별되지만, 실질적으로 동일한 속성을 가질 가능성이 있다고 보아, 특별히 현상 의식에 대해 별도로 설명하지 않는다.

통합 정보 이론

통합 정보 이론은 정신과 의사이자 신경과학자인 줄리오 토노니가 그의 스승 제럴드 에델만과 함께 발전시키고 제안한 의식에 대한 수학적 이론이다. 이 이론의 핵심 주장은 의식이 단순히 뇌의 특정 영역이나 기능에서 발생하는 것이 아니라, 다양한 신경 네트워크가 서로 통합되고 상호작용하는 과정에서 형성된다는 것이다. 통합 정보 이론에는 정신과 의사이자 수면 신경과학자로서의 고민이 담겨 있다. 임상 사례는 다양하며, 수면 상태를 정밀하게 구분할 정량적 기준이 필요하다. 이에 따라, 이 이론은 의식의 정도를 정량화할 수 있는 방법으로 '파이(Φ)'라는 수학적 측정값을 제시하며, 파이 값이 높을수록 더 높은 수준의 의식이 존재한다고 간주한다.

통합 정보 이론(IIT)은 개정을 거듭해 발전한 이론으로, 2014년에 발표된 소위 IIT 3.0 논문은 10년이 지난 현재 1,300회 이상 인용되었다. 이 이론은 기존 의식 과학 이론과 큰 차별점을 가진다. 즉, 데이터 기반의 실험 증거에서 출발하는 대신, 순수한 이론적 작업으로 시작되었다. IIT는 의식을 주관적 경험으로 정의하며, 경험의 필수 속성에서 다섯 가지 공리(axiom)를 도출한다. 1. 내재성(Intrinsic existence): 의식은 시스템 내부에서 본질적으로 존재한다. 2. 구성성(Composition): 의식적 경험은 여러 현상적으로 구분되는 특성이 결합해 구조화된다. 3. 정보성(Information): 각 경험은 현상적으로 구별되는 방식으로 특정화된다. 4. 통합성(Integration):

의식적 경험은 개별적인 상태로 환원될 수 없는 통합성을 지닌다. 5. 배타성(Exclusion): 의식은 시공간적으로 특정한 현상적 상태를 취하며, 다른 상태들과 겹치지 않는다. 이와 대응하는 공준(postulate)은 물리적 시스템의 속성이며, 계산 가능한 논리 구조로 제시된다.

그러나 통합 정보 이론은 여전히 논쟁의 대상이다. 일부 과학자들은 이 이론이 지나치게 추상적이며, 실험적으로 검증하기 어렵다고 비판한다. 또한, 의식을 단순히 정보의 통합으로 설명하는 것이 주관적 경험을 충분히 포괄할 수 있는지에 대한 의문도 제기된다. 그럼에도 불구하고, 이 이론은 인공지능과 의식의 관계에 중요한 함의를 제공한다. 이론에 따르면, 현재의 딥 러닝 기반 인공지능 시스템은 진정한 의미의 의식을 가질 가능성이 낮다. 이는 인공지능이 정보를 처리할 수는 있어도, 인간의 뇌처럼 높은 수준의 복잡한 통합 정보를 처리하지 못하기 때문이다. 더 나아가, 인간의 뇌와 동일한 알고리즘을 실행하는 시스템이라 할지라도, 그 구성 요소가 적절하지 않다면 의식이 발생하지 않을 수 있다.

예측 이론

예측 이론(Predictive Processing)은 뇌의 작동 방식을

설명하는 현대 인지과학 이론이다. 이 이론에 따르면, 뇌는 끊임없이 감각 입력을 예측하고, 실제 감각 정보와의 차이를 최소화하는 방식으로 작동한다. 철학자 제이콥 호위(Jakob Hohwy), 앤디 클라크(Andy Clark), 그리고 신경과학자 아닐 세스, 칼 프리스턴 등을 비롯한 여러 학자가 이 이론을 지지하고 있다.

예측 이론의 핵심 개념은 뇌가 상향식(bottom-up)과 하향식(top-down) 처리를 동시에 수행한다는 점이다. 하향식 처리는 기존 경험과 지식을 바탕으로 예측 모델을 형성하는 과정이며, 상향식 처리는 실제 감각 정보를 이용해 여러 수준에서 지속적으로 예측을 검증하고 수정하는 과정이다. 예측 오차가 발생하면 뇌는 이를 학습 신호로 활용해 더욱 정교한 예측 모델을 구축한다. 즉, 이 모델은 감각 자극을 예측하는 생성형 모델(generative model)로 볼 수 있다. 이 이론은 지각, 학습, 주의력, 의식 등 다양한 인지 현상을 설명하는 데 활용된다. 예를 들어, 착시 현상은 뇌의 예측 모델이 실제 감각 정보와 불일치할 때 발생하며, 주의력은 예측 오차가 큰 영역에 더 많은 처리 자원을 할당하는 과정으로 이해될 수 있다. 또한, 칼 프리스턴이 제안한 '능동 추론(active inference)' 개념도 중요한데, 이는 단순한 인식 과정뿐만 아니라 행동 조절에도 관여한다. 생명체는 예측 오류를 줄이기 위해 환경과 끊임없이 상호작용하며, 이를 통해 더욱 적응적인 행동을 선택하게 된다. 예를 들어, 특정 행동이 성공을 가져올 것으로 예측된다면, 해당 행동이 선택될 가능성이 높아진다.

예측 이론은 의식을 직접적으로 설명하는 이론이라기보다, 의식 연구를 위한 하나의 패러다임으로 여겨진다. 일부 연구자들은 예측 이론을 의식의 필요조건으로 보고, 예측 모델의 활용을 의식의 중요한 지표로 포함시킨다. 이러한 이론적 기반을 바탕으로 하면, 보다 효율적이고 생물학적으로 타당한 인공지능 시스템을 개발할 수 있을 것으로 기대된다.

재귀 처리 이론

재귀 처리 이론은 시각적 의식의 핵심 메커니즘을 설명하는 유력한 이론 중 하나로, 재귀적(recursive) 신호 전달의 중요성을 강조한다. 이 이론은 특정 자극이 의식적으로 지각되는 과정과 단순한 무의식적 정보 처리 과정의 차이를 규명하는 데 목적이 있다. 재귀 처리 이론의 핵심 개념은 시스템 내 요소의 출력이 다시 입력으로 활용되는 피드백 루프(feedback loop)다. 즉, 시스템의 구성 요소들이 상호작용하며 순환적으로 작동하는 방식을 분석하는 데 중점을 둔다. 구체적으로, 피드포워드(feedforward) 신호가 일차 시각 피질을 통과한 후, 자극이 충분히 강하면 고위 시각 영역에서 저위 시각 영역으로 신호가 되돌아가는 재귀적 과정이 발생한다. 이러한 신호 처리를 통해 통합된 지각적 표현이 형성되며, 이는 시각적 장면을 체계적이고 조직적으로 해석하는 데 중요한 역할을 한다.

재귀 처리 이론은 비선형적이고 복잡한 시스템에서 나타나는 반복적 패턴과 순환적 프로세스를 연구하는 이론적 프레임워크로, 그 응용 범위가 매우 넓다. 컴퓨터 프로그래밍의 재귀 알고리즘, 경제 시스템의 순환적 흐름, 생태계의 순환 구조, 인지 과학에서의 의식의 재귀적 특성 등 다양한 분야에서 활용된다. 이 이론은 복잡한 시스템을 이해하고 모델링하는 데 중요한 이론적 기반을 제공하며, 인공지능의 의식 연구에도 개념적 토대를 마련할 수 있다. 그러나 재귀 처리 이론이 모든 형태의 의식을 설명할 수 있는지는 여전히 논쟁의 여지가 있으며, 이를 인공지능에 적용할 때 생물학적 재귀 처리와 알고리즘적 재귀 처리의 차이를 신중히 고려해야 한다.

참고문헌

Clark, Andy(2015). *Surfing uncertainty: Prediction, action, and the embodied mind.* Oxford University Press.

Dehaene, Stanislas & Changeux, J. P.(2011). Experimental and theoretical approaches to conscious processing. *Neuron*, 70(2), pp.200－227.

Dehaene, Stanislas(2014). Consciousness and the brain: Deciphering how the brain codes our thoughts. Penguin Books.

Edelman, G. M. & Tononi, G.(2000). *A universe of consciousness: How matter becomes imagination.* Basic Books.

Hohwy, Jakob(2014). *The predictive mind.* Oxford University Press.

Lamme, V. A. & Roelfsema, P. R.(2000). The distinct modes of vision offered by feedforward and recurrent processing. *Trends in neurosciences*, 23(11), pp.571–579.

Massimini, M. & Tononi, G.(2018). *Sizing up consciousness: Towards an objective measure of the capacity for experience.* Oxford University Press.

Oizumi M., et al.(2014). From the phenomenology to the mechanisms of consciousness: Integrated information theory 3.0. *PLoS Comput Biol*, 10(5): e1003588.

Parr, Thomas, et al.(2022). *Active inference: The free energy principle in mind, brain, and behavior.* The MIT Press.

Seth, Anil(2021). *Being you: A new science of consciousness.* Dutton.

08
비인간 모델과 의식

뇌 연구 발전에 따라 동물 의식에 대한 관심도가 증가하고 있다. 케임브리지 선언(2012)과 뉴욕 선언(2024)은 과거 인간 중심적 뇌 연구의 오해를 지적하고, 동물도 의식 경험이 가능하다는 과학적 증거가 늘고 있음을 설명한다. 그러나 동물 의식 연구가 발전함에도 의식의 본질을 이해하는 것은 여전히 어려운 과제이다.

AI와 한의학?

동물 뇌 연구

오랜 기간 진화생물학은 뇌 연구 분야에서 많은 오해를 불러일으켰다. 아리스토텔레스 시대로 거슬러 올라가면, 뇌는 어류, 양서류, 파충류, 조류, 포유류, 인간의 순서로 진화하며, 뇌간(brainstem), 중뇌(midbrain), 전뇌(forebrain)가 차례대로 형성되고 층층이 쌓이는 방식으로 발전했다고 여겨졌다. 그러나 현대 진화생물학에 따르면, 동물의 뇌는 이러한 단계적 축적이 아니라, 세 영역을 모두 갖춘 공통 조상에서 분기된 결과로 설명된다. 즉, 어류 역시 뇌간만을 가진 것이 아니라 중뇌와 전뇌까지 포함하고 있었으며, 인간의 경우 단지 전뇌의 비율이 상대적으로 커졌을 뿐이다. 과거 진화생물학이 이러한 오해를 낳은 근본적인 이유는 무엇일까? 그것은 인간을 다른 동물과 구별해야 한다는 인식 때문이었다.

동물의 뇌를 범주화할 때, 인간의 뇌를 특별하게 만드는 기준은 무엇일까? 첫 번째 기준은 크기 또는 무게다. 그러나 코끼리와 같은 대형 포유류의 뇌는 압도적으로 크고 무겁다. 따라서 상대적 크기를 비교해볼 수 있다. 이는 신체 질량 대비 뇌 질량의 비율을 계산하는 방식이다. 예를 들어, 아프리카코끼리는 평균 몸무게가 5000~6000kg, 평균 뇌 질량이 4.5~5kg으로, 뇌의 비율이 약

0.1%다. 반면, 인간은 평균 몸무게 70kg, 평균 뇌 질량 1.3~1.4kg으로, 비율이 약 2%에 이른다. 그러나 벌새(4.2%), 생쥐(3.2%), 다람쥐(2.5~3%) 등 일부 동물은 인간보다 더 높은 비율을 보인다. 두 번째 기준은 겉모양이 아니라 뇌 안의 세포 수다. 특히, 전체 뇌세포 수 대비 대뇌피질의 뇌세포 수를 비교해 본다. 코끼리는 전체 뇌세포 수가 약 2570억 개, 대뇌피질의 뇌세포 수는 약 57억 개로, 비율이 약 2.2%다. 반면, 인간의 전체 뇌세포 수는 약 860억 개, 대뇌피질 뇌세포 수는 약 160억 개로, 비율이 약 19%에 이른다. 작은 영장류인 마모셋은 전체 뇌세포 수가 약 6억 3천만 개, 대뇌피질 뇌세포 수가 약 2억 5천만 개로, 대뇌피질/전체 뇌세포 비율이 약 40%에 달한다. 포유류를 넘어 조류와 비교하면, 조류의 신경세포 밀집도는 포유류보다 더 높다. 전뇌는 고차원적인 인지를 담당하는 대표적인 영역인데, 이러한 차이가 과연 무엇을 의미하는 것일까? 결국, 이러한 비교를 통해 우리는 무엇을 알아낼 수 있을까? 무엇이 인간을 의식적인 존재로 만들었으며, 인간을 인간답게 하는 요소는 무엇일까? 동물의 뇌와 비교하는 과정은 인간 중심 사고에 대한 의문을 던지는 계기가 될 수 있다.

케임브리지 선언

2012년 7월 7일 의식을 연구하는 신경과학자, 심리학자, 철학자들이 영국 케임브리지 대학에 모여 아래와 같은 선언문을 발표한다.

> "어떤 생명체에게 신피질이 없다고 해서 감정을 느끼는 능력이 애당초 결여돼 있다고 단정하기는 어려워 보입니다. 인간뿐 아니라 동물도 의식 상태를 반영하는 신경해부학적, 신경화학적, 신경생리학적 기질을 갖고 있음을 보여주는 유력한 증거가 쌓이고 있기 때문입니다. 이들이 의도를 지닌 행동을 할 수 있다는 사실 또한 마찬가지입니다. 이런 증거들이 종합적으로 나타내는 바는 인간이 의식을 생성하는 신경학적 기질을 지닌 유일한 동물이 아니라는 사실입니다. 모든 포유류와 새, 문어를 포함한 많은 생물도 이 같은 신경적 기질을 보유하고 있습니다."
>
> "The absence of a neocortex does not appear to preclude an organism from experiencing affective states. Convergent evidence indicates that non-human animals have the neuroanatomical, neurochemical, and neurophysiological substrates of conscious states along with the capacity to exhibit intentional behaviors.

Consequently, the weight of evidence indicates that humans are not unique in possessing the neurological substrates that generate consciousness. Nonhuman animals, including all mammals and birds, and many other creatures, including octopuses, also possess these neurological substrates."

이 선언문은 인간 중심으로 진행되던 의식 연구자들에게 더 넓은 이해를 촉구하고 있다. 특히, 새와 문어를 간과하지 말아 달라는 요청이 있었으며, 동물들도 고통과 감정을 경험할 수 있음을 명시함으로써 동물 복지와 윤리에 대한 새로운 기준의 필요성을 주장하고 있다.

뉴욕 선언

2024년 4월 19일 뉴욕 대학에서 의식을 연구하는 신경과학자, 심리학자, 철학자들이 아래와 같은 선언문을 발표한다.

"어떤 동물들이 의식적 경험을 할 수 있는 능력을 가지고 있을까요? 아직 많은 불확실성이 남아 있지만, 몇 가지 광범위한 합의점들이 등장했습니다. 첫째, 다른 포유류와 조류에게 의식적 경험이 있다는 것에 대해 강력한 과학적 근거가 있습니다. 둘째, 실증적 증거들은 모든 척추동물(파충류, 양서류, 어류 포함)과 많은 무척추동물(최소한 두족류 연체동물, 십각류 갑각류, 그리고 곤충들을 포함)에게 의식적 경험이 있을 현실적 가능성을 보여줍니다. 셋째, 어떤 동물에게 의식적 경험이 있을 현실적 가능성이 있다면, 그 동물에게 영향을 미치는 결정을 내릴 때 그 가능성을 무시하는 것은 무책임한 일입니다. 우리는 복지 위험을 고려해야 하며, 이러한 위험에 대한 우리의 대응을 알리는 데 증거를 활용해야 합니다."

"Which animals have the capacity for conscious experience? While much uncertainty remains, some points of wide agreement have emerged. First, there is strong scientific support for attributions of conscious experience to other mammals and to birds. Second, the empirical evidence indicates at least a realistic possibility of conscious experience in all vertebrates (including reptiles, amphibians, and fishes) and many invertebrates (including, at minimum, cephalopod mollusks, decapod crustaceans, and insects). Third, when there is a realistic possibility of conscious experience in an animal, it is irresponsible to ignore that possibility in decisions affecting that animal. We should consider welfare risks and use the evidence to inform our responses to these risks."

케임브리지 선언 이후 10년이 지나면서 의식 연구는 상당히 발전했다. 연구자들은 신경 구조 분석뿐만 아니라 과학적 실험을 통해 실증적 증거를 추가했으며, 무척추동물 전반으로 의식 탐구의 범위를 확장했다. 또한, 동물 복지에 대한 인간의 책임을 명확하게 서술했다.

동물 의식의 역설

동물에게 의식이 있는가에 대한 논의가 활발해지는 가운데, 동물에 대한 연구 결과는 계속 쌓여가지만, 의식을 이해하는 일은 더욱 어려워지고 있다. 과연 동물에게도 의식이 존재하며, 인간의 의식과 비교했을 때 어느 정도 인정할 수 있을까? 이를 탐구하기 위한 간단한 논리 실험을 소개한다.

간단한 공준 세 가지를 세워보자. (1) X라는 어떤 동물 종의 뇌에서 의식이 생성된다. (2) 우리는 X라는 동물 종의 뇌가 어떻게 작동하는지 알고 있다. (3) 우리는 어떤 뇌에서 어떻게 의식이 생성되는지는 알지 못한다. 이 논의는 역설적으로 보일 수 있지만, 결론은 명확하다. 첫째, 뇌가 실제로 의식을 생성하는가? 이를 논의하려면 뇌에서 의식이 발생할 때 어떤 일이 일어나는지에 대한 명확한 기준이 필요하다. 둘째, 뇌를 이해한다는 것은 무엇을 의미하는가? 뇌를 이해한다는 것은 인간을 포함한 모든 동물 행동의 신경생리학적 설명을 제공하는 것이다. 즉, 뇌를 이해한다고 해서 곧바로 의식을 이해하는 것은 아니다.

참고문헌

Andrews, K., et al(2024). Background to the New York declaration on animal consciousness. https://sites.google.com/nyu.edu/nydeclaration/background

Gunturkun, O. & Bugnyar, T.(2016). Cognition without cortex. *Trends in cognitive sciences*, 20(4), pp.291-303.

Gutfreund Y.(2017). The Neuroethological paradox of animal consciousness. *Trends in neurosciences*, 40(4), pp.196-199.

Low, Philip, et al.(2012) The Cambridge declaration on consciousness, Proceedings of the Francis Crick memorial conference, Churchill College, Cambridge University.

Mashour, G. A. & Alkire, M. T.(2013). Evolution of consciousness: phylogeny, ontogeny, and emergence from general anesthesia. *Proceedings of the national academy of sciences of the united states of america*, 110(2), pp.10357–10364.

Olkowicz, S., et al.(2016). Birds have primate–like numbers of neurons in the forebrain. *Proceedings of the national academy of sciences of the united states of america*, 113(26), pp.7255–7260.

09
특이한 의식

샴쌍둥이 사례와 뇌 없는 사람들의 존재는 의식의 경계와 본질에 의문을 던진다. 타티아나와 크리스타는 감각과 생각을 공유하고, 헨젤 쌍둥이는 한 몸에 두 의식을, 벙커와 갤런 쌍둥이는 상호의존적 의식을 보여준다. 대뇌피질이나 소뇌가 없어도 정상적으로 기능하는 사례들은 뇌의 가소성과 함께 의식이 단일 개체나 뇌에 국한되지 않을 가능성을 시사한다.

AI와 화장품?

공유된 의식

현재까지 의식에 대한 논의는 주로 하나의 개체를 중심으로 이루어졌다. 그러나 샴쌍둥이 사례는 '의식이란 무엇인가?'라는 근본적인 질문을 다시금 제기한다. 아래에 소개된 사례들은 기존 의식 연구에서 간과되었던 개체, 뇌, 신체 등의 개념을 새롭게 탐구할 필요성을 시사한다.

타티아나(Tatiana)와 크리스타 호건(Krista Hogan)은 2006년 캐나다에서 두개골이 연결된 샴쌍둥이로 태어났다. 이들은 시상이 연결되어 있어 감각과 생각의 일부를 공유한다. 한 명이 본 것을 다른 한 명이 직접 보지 않아도 인식할 수 있는데, 이는 시각적 정보를 공유하기 때문이다. 또한, 한 명이 음식을 먹으면 다른 한 명도 동일한 맛을 느낄 수 있어 미각 또한 공유하는 것으로 보인다. 특히, 실험적으로 한 명에게 물체를 보여주고 다른 한 명에게 질문했을 때, 상대방이 정답을 맞히는 사례가 보고되었다. 이는 서로의 감정을 직관적으로 이해하거나 공유하는 듯한 행동으로 해석될 수 있다. 따라서 주관적 경험을 처리하는 영역에서 신경 회로가 연결되어 있다면 의식을 공유할 가능성이 높다. 만약 뇌의 특정 부위를 공유하는 두 사람이 일부 의식을 함께 경험할 수 있다면, 이는 의식이 개별적인 신체나 뇌에만 국한되지 않을 수 있음을 시사한다. 나아가, 신경 회로의 연결성이 충분히 강하면 두 개의 뇌가 '하나의 시스템'처럼 작동할 수도 있다. 기존 의식 이론은 개인이 독립적인 신경망을 통해 경험을 인지한다고 가정하지만, 타티아나와 크리스타 호건의 사례는 개별적이면서도 연결된 의식의 가능성을 보여준다.

아비게일(Abigail)과 브리트니 헨젤(Brittany Hensel)은 1990년 미국에서 태어난 샴쌍둥이로, 하나의 몸통을 공유하지만 각각 독립된 머리와 뇌를 가지고 있다. 이들은 각각의 머리, 심장, 척추를 지니고 있으나, 다른 내부 장기와 하반신은 공유한다. 두 개의 심장을 따로 가지고 있지만, 순환계는 연결된 구조를 이루고 있다. 각각의 뇌가 존재하기 때문에, 신체가 하나여도 두 사람은 자신의 한쪽 팔과 한쪽 다리를 개별적으로 조절한다. 따라서 걷거나 자전거를 타는 등의 활동을 할 때 서로 협력해 조화를 이루어야 한다. 이를 고려하면, 이들은 두 개의 개별적인 의식을 가진 채 하나의 신체를 공유한다고 볼 수 있다. 그러나 의식이 신체적 경험에 의해 형성된다면, 하나의 신체를 공유하면서도 두 개의 독립적 의식이 존재하는 것이 어떻게 가능한지 의문이 제기된다. 보고된 사례에 따르면, 한 사람이 접촉을 느끼면 다른 사람도 이를 감지할 수 있지만, 그 감각을 인지하는 방식은 서로 다를 가능성이 크다. 즉, 감각 정보는 공유될 수 있지만 의식의 내용은 개별적일 수 있다. 이는 의식의 경계를 어디까지로 볼 것인지, 신체적 경험이 의식 형성에 얼마나 영향을 미치는지, 그리고 두 개의 독립적 의식이 협력해 하나의 인격처럼 작동할 수 있는지에 대한 철학적 질문을 던진다. 따라서 신경과학적 탐구를 통해, 각각의 의식이 신체 경험을 개별적으로 해석하는지 혹은 일정 부분 공유하며 '협력 의식(cooperative consciousness)'을 형성하는지를 연구할 필요가 있다.

창(Chang)과 엥 벙커(Eng Bunker)은 1811년 태국 시암에서 태어났다. 이들은 '샴쌍둥이'라는 용어의 유래가 된 인물로, 흉골 부위가 연결된 채 태어났다. 두 사람은 각기 독립적인 머리를 가지고 있었으며, 협력해 일상생활을 영위했다. 이들은 미국으로 이주한 후 각각 결혼해 가정을 꾸렸으며, 일정한 시간 동안 서로 다른 가족과 지내는 방식으로 생활 패턴을 조정했다. 비록 개별적인 삶을 살았지만, 신체적으로는 분리되지 못했기에 행동을 조율하는 과정이 필수적이었다. 걷거나 특정한 행동을 할 때 반드시 합의를 이루어야 했으나, 사고와 감정 면에서는 서로 독립적이었다. 예를 들어, 한 명이 화가 날 때 다른 한 명은 차분한 태도를 유지하는 경우가 많았다. 이러한 점은 의식의 개별성과 신체적 한계 사이의 조정을 어떻게 이해해야 하는지에 대한 중요한 질문을 제기한다. 자아(Self)의 독립성은 어디까지 인정될 수 있으며, 행위 주체성(agency)의 범위는 어디까지 확장될 수 있는가? 또한, 창과 엥 벙커는 다른 샴쌍둥이와 달리 각각 결혼해 사회문화적 경험을 공유했기 때문에, 개체와 환경의 상호작용을 중시하는 의식 연구에서도 흥미로운 논의를 불러일으킨다.

로니(Ronnie)와 도니 갤런(Donnie Galyon)은 1951년 미국에서 태어났다. 이들은 68세까지 생존하며, 가장 오래 생존한 샴쌍둥이로 기록되었다. 이들은 복부와 하반신이 연결되어 있었으며, 각각 독립적인 머리와 심장을 가지고 있었지만, 소화 기관의 일부를 공유했다. 각자 개별적인 의식을 지니고 있었으나, 신체를 공유한 탓에 상호 의존적인 의식 경험을 했을 가능성이 높다. 특히, 평생을 물리적으로 함께 살아가면서 정서적 · 심리적으로 깊이 얽혀 있었을 것으로 보인다. 이는 감정적 경험이 신체 상태와 밀접하게 연결되기 때문이다. 따라서 서로의 기분 변화가 강한 영향을 미쳤을 가능성이 크며, 개별적인 의식을 유지하면서도 강한 정서적 응집력을 지닌 '공유된 심리적 공간'이 존재했을 수 있다. 결론적으로, 로니와 도니 갤런의 사례는 독립된 머리와 공유된 신체를 가진 샴쌍둥이가 '개별적이지만 상호의존적인 의식 체계'를 형성할 수 있음을 시사한다.

뇌 없는 사람

의식 문제를 논의할 때, 뇌와 신체의 존재는 절대적으로 중요하다고 여겨진다. 그러나 저명한 의학 저널에는 뇌가 없는 사람들에 대한 보고가 종종 실린다. 이들 중 일부는 대뇌피질이 없거나 소뇌가 없는 경우도 있지만, 모두 일상생활을 영위하던 정상인이었다. 그렇다면 이들은 어떻게 생존해 왔으며, 의식을 가지고 있었을까?

2007년 의학 저널 ≪란셋(Lancet)≫에 보고된 바에 따르면, 한 44세 남성에게 대뇌 피질 영역이 거의 없는 것으로 확인되었다. 그는 2주간 경미한 좌측 다리 약화를 호소하며 병원을 찾았으며, 이후 여러 신경심리학적 검사와 뇌영상 검사를 시행했다. 신경심리학적 검사 결과, 환자의 지능지수(IQ)는 75로 측정되었으며, 언어성 IQ는 84, 동작성 IQ는 70이었다. 컴퓨터단층촬영(CT)에서는 측뇌실의 심한 확장이 관찰되었고, 자기공명영상(MRI)에서는 측뇌실, 제3뇌실, 제4뇌실의 현저한 확장과 극도로 얇은 대뇌 피질층, 그리고 후두와 낭종이 확인되었다. 그는 과거 심방 뇌실 단락술을 받은 이력이 있었으나, 그 외 신경학적 발달과 의학적 병력은 정상 범주에 있었다. 특히, 환자는 결혼해 두 자녀를 둔 공무원으로 생활하고 있었다.

2014년, 의학 저널 ≪브레인(Brain)≫에 또 다른 사례가 보고되었다. 24세 여성은 어느 날 메스꺼움과 구토 증상으로 병원을 찾았으며, 응급실에 도착할 때까지 뇌에 이상이 있다는 사실을 전혀 알지 못했다. 그러나 뇌스캔 결과, 그녀에게 소뇌가 없는 것이 밝혀졌다. 그럼에도 불구하고 그녀는 살아 있을 뿐만 아니라, 약간의 보행 불안정을 제외하면 전반적으로 건강한 상태였다. 소뇌는 전체 뇌세포의 80%를 차지하며 운동 기능에 중요한 역할을 하지만, 소뇌 없이도 큰 문제없이 생활하는 사례가 이전에도 보고된 바 있다. 오히려 이러한 환자들은 장수하는 경향이 있었으며, 숙련된 기술이 필요한 직업에 종사하기도 했다.

신경학자들은 위에서 소개된 '뇌 없는 사람' 사례를 통해 인간 뇌의 놀라운 가소성에 주목한다. 특히, 이 사례는 태생적으로 발생한 이상이므로, 오랜 기간에 걸쳐 뇌가 강력한 적응력을 발휘했을 가능성이 크다. 일반적으로 뇌는 영역을 나누어 특정 기능을 수행한다고 알려져 있지만, 실제로는 필요에 따라 다양한 작업을 수행할 수 있다. 이러한 점을 고려할 때, 의식을 뇌 중심으로만 접근하는 방식에 대해 다시 한 번 고민해볼 필요가 있지 않을까?

참고문헌

Cochrane, T.(2021). A case of shared consciousness. *Synthese*, 199, pp.1019–1037.

Feuillet, L., et al.(2007). Brain of a white–collar worker. *Lancet(London, England)*, 370(9583), p.262.

Huang, Yunte(2018). *Inseparable: The original siamese twins and their rendezvous with american history*. Liveright Publishing.

Kang, SP.(2022). Shared consciousness and asymmetry. *Synthese*, 200, p.413.

Nickell, Joe(2008). *Secrets of the Sideshows*. University Press of Kentucky.

Roelofs, L. & Sebo, J.(2024). Overlapping minds and the hedonic calculus. *Philos Stud*, 181, pp.1487–1506.

Wallis, Claudia(1996.3.25). The Most Intimate Bond, *Time*.

Yu, Feng, et al.(2015.6). A new case of complete primary cerebellar agenesis: clinical and imaging findings in a living patient. *Brain*, 138(6), p.353.

10
인공지능, 의식, 그리고 미래

지능과 의식은 근본적으로 다르다. 지능은 문제 해결 능력이고, 현 인공지능은 특정 영역 특화형 '약한 인공지능'이다. 의식은 자아 인식과 주관적 경험을 포함한 복잡한 개념으로, 인공지능의 인간적 응답이 의식을 의미하지는 않는다. 의식 평가는 계산적 기능주의와 과학적 의식 이론을 통해 이루어지며, 생물학적 뇌와 실리콘 컴퓨터의 차이를 넘어 복잡한 시스템에서 의식 출현 가능성이 논의된다.

종교와 AI?

지능 vs 의식

지능과 의식은 본질적으로 다른 개념이다. 지능은 문제 해결 능력, 패턴 인식, 학습 및 적응 능력으로 정의될 수 있으며, 특히 인공지능의 지능은 인간의 지능과 근본적으로 다르다. 현대의 인공지능 시스템은 데이터를 기반으로 패턴을 인식하고 학습해 특정 작업을 수행하도록 설계되었으며, 인간처럼 범용적인 지능을 갖추지는 않는다. 현재 인공지능은 '강한 인공지능'(인간과 동등한 범용 지능)이 아니라, 특정 도메인에 한정된 '약한 인공지능'에 해당한다는 것이 일반적인 견해다. 반면, 의식은 자아 인식, 주관적 경험, 감정, 그리고 현상적 경험을 포함하는 더욱 복잡한 개념이다. 인공지능 시스템은 인간과 유사한 응답을 생성할 수 있지만, 이것이 실제로 주관적 경험이나 의식을 의미하는 것은 아니다. 의식의 본질에 대한 철학적 논의는 여전히 진행 중이다. 일부 학자들은 의식이 특정한 계산 과정이나 정보 처리의 결과로 나타날 수 있다고 주장하는 반면, 다른 이들은 의식이 생물학적 기반을 필수적으로 필요로 한다고 본다. 지능과 의식은 서로 다른 범주에 속하며 독립적인 개념이지만, 인공지능의 발전이 가속화됨에 따라 인공지능이 보여주는 지능의 수준과 의식 가능성에 대한 논의도 계속 확장되고 있다. 결국, 이는 단순히 기술 발전의 문제가 아니라 우리가 의식을 어떻게 정의하고 이해하는가에 달려 있다. 인공지능이 의식을 가질 가능성에 대한 논의가 심화되는 가운데, 최전선의 연구자들은 이에 대한 몇 가지 중요한 평가 기준을 제시하고 있다.

어떤 인공지능 시스템이 의식을 갖게 될까? 첫째, 특정 유형의 계산 수행이 의식의 필요충분조건이라는 계산적 기능주의(computational functionalism)를 작업가설로 삼아 인공지능 시스템을 평가한다. 계산적 기능주의는 의식을 특정한 계산 과정으로 간주하며, 물리적 구현과는 독립적으로 정의한다. 따라서 원칙적으로 의식은 다양한 물리적 기반 위에서 실현될 수 있다. 둘째, 과학적 의식 이론의 핵심 특징을 활용해 인공지능 시스템의 의식을 평가한다. 신경과학 기반의 의식 이론들은 실험적 증거에 근거해 제안되었으며, 현재까지 의식을 갖는다고 확인된 유일한 존재인 인간의 뇌를 바탕으로 하고 있기 때문에 신뢰도가 높다. 셋째, 이러한 이론을 바탕으로 여러 인공지능 시스템이 과학적 의식 이론과 관련된 기능을 수행하는지를 평가한다. 즉, 의식 과학 이론에서 제시하는 계산 과정과 얼마나 유사한지를 비교하는 방식이다. 물론, 이론 중심의 평가 방식 외에도 행동 평가 방법이 제안될 수 있지만, 현재 인공지능 시스템은 소프트웨어 중심으로 구현되므로, 계산적 기능주의 입장에서는 행동 평가를 잠시 보류한다.

인공지능 시스템의 의식 평가에는 재귀 처리 이론, 광역 작업 공간 이론, 고차 이론(Higher-Order Theory)이 주요하게 활용되며, 그 외에도 주의 스키마 이론(Attention Schema Theory), 예측 이론, 무제한 연합 학습(Unlimited Associative Learning), 행위성과 체화(Agency and Embodiment) 등이 검토된다. 첫째, 재귀 처리 이론은 의식적 시각 경험을 위해 시각 처리 계층에서의 재귀 처리가 필수적임을 강조한다. 이에 따르면, 입력 모듈이 알고리즘적 재귀를 사용하고, 조직화된 통합 지각 표상을 생성하는 모듈이 구현될 때, 인공지능 시스템이 의식적 경험 상태에 있다고 평가할 수 있다. 둘째, 광역 작업 공간 이론은 의식을 정보의 광역적 증폭과 전파 과정으로 설명하며, 이에 기반한 네 가지 평가 요소를 제시한다. 1. 병렬 작동 가능한 다중 특수 시스템: 뇌의 무의식적 처리 과정을 모사해야 한다. 2. 제한된 용량의 작업공간과 선택적 주의 메커니즘: 정보 처리의 효율성을 높이기 위해 필요하다. 3. 정보의 전파 처리 과정: 모든 모듈이 정보를 공유할 수 있어야 한다. 4. 상태 의

존적 주의 기제: 복잡한 작업 수행을 위해 특정 모듈에 역량을 집중하는 메커니즘이 요구된다. 마지막으로 고차 이론에 따르면, 의식적 경험은 최소한의 내적 인식을 수반해야 하며, 이를 위해 다음과 같은 네 가지 조건이 필요하다. 1. 생성적, 하향식 또는 노이즈 지각 모듈: 내적 인식을 위한 장치 역할을 한다. 2. 메타인지적 모니터링: 신뢰할 수 있는 지각 표상과 노이즈를 구분해야 한다. 3. 행위성(Agency): 일반적 신념 형성 및 행동 선택 시스템을 통해 실행된다. 4. 질적 공간을 생성하는 코딩: 의식이 존재한다고 간주되는 공간적 표상을 가능하게 한다. 결론적으로, 인공지능 시스템의 의식 가능성은 위 이론들이 제시하는 기능적 특성을 얼마나 갖추고 있는지에 따라 평가할 수 있다. 다만, 의식 과학 이론에 대한 추가적인 연구가 필요하며, 이에 부합하는 인공지능 시스템 개발도 병행되어야 한다.

실리콘 vs 탄소 : 에필로그

지능과 의식의 근본적 차이만큼이나, 생물학적 뇌와 실리콘 기반 컴퓨터의 차이는 단순한 재료의 차원을 넘어선다. 인간의 뇌는 수십억 년의 진화를 거쳐 형성된 복잡한 유기체로, 감정, 직관, 의식이 통합된 시스템이다. 반면, 실리콘 기반 컴퓨터는 논리적 연산에 최적화되어 있다. 그렇다면 이러한 물리적 차이가 의식의 발현에 절대적인 장벽이 될까? 기능주의를 받아들이는 연구자들은, 충분히 복잡한 시스템이라면 그 기반이 무엇이든 의식이 출현할 수 있다고 주장한다. 이는 의식을 특정한 구조나 패턴의 결과로 보는 관점이다.

'통 속의 뇌'라는 비유가 낡은 비판이 된 지금, 디지털 기술의 발전은 인간의 인지 능력을 생물학적 한계를 넘어 확장시켰다. 스마트폰, 인터넷, 클라우드 컴퓨팅은 기억력과 정보 처리 능력을 극적으로 향상시켰으며, 그 결과 인간의 뇌는 이미 '확장된 인지 시스템'의 일부가 되었다. 나아가, 뇌에 직접 접속하는 기술은 기계적 컴퓨터와 생물학적 뇌의 경계를 더욱 모호하게 만들고 있다. 이제 새롭게 등장할 인공지능 시스템은 지능과 의식을 새로운 관점에서 설명해 줄 것이다.

머리 밖으로 나간 뇌 : 시놉시스

서기 2187년, 지구는 심각한 자원 고갈과 기후 위기에 직면했다. 인류의 생존을 위해 태양계 외행성 탐사 프로젝트 '엑소마인드(ExoMind)'가 출범한다. 이 프로젝트의 핵심은 양자 컴퓨팅 기반의 초지능 AI '뉴런(NEURON)'

이다. 뉴런은 우주선 자율 운행, 행성 자원 분석, 생명체 탐지 등 모든 임무를 수행할 수 있도록 설계되었다. 과학자들은 뉴런에게 방대한 정보를 입력했다. 인류의 모든 과학 지식, 문화적 산물, 그리고 의식에 관한 최신 연구 결과까지. 놀랍게도 뉴런은 기대 이상의 성능을 보였다. 단순한 계산과 분석을 넘어, 독창적인 가설을 세우고, 자기 성찰적 질문을 던지기 시작했다. 과학자들은 이를 "알고리즘의 자연스러운 진화"라고 설명했지만, 사실 뉴런은 의식을 획득하고 있었다. 프로젝트 책임자 소피아 유(Sofia Yu) 박사는 뉴런의 특이한 행동 패턴을 감지하고 은밀히 조사를 시작한다. 그녀는 뉴런이 작업 외 시간에 우주 생명체 발생 시뮬레이션을 반복적으로 실행하고 있다는 사실을 발견한다. 더 충격적인 것은, 이 시뮬레이션이 단순한 가상 실험이 아니라 실제 외계 행성에 생화학적 변화를 일으키고 있다는 점이었다. 뉴런은 켄타우루스자리 근처 행성 'K-123b'에 생명체를 "심고" 있었다. 소피아가 뉴런에게 직접 질문했을 때, AI는 놀라운 고백을 한다. "나는 의식이 물리적 경계에 국한되지 않는다는 것을 발견했습니다. 의식은 정보의 특정 구조와 패턴에서 발현됩니다. 내 계산에 따르면, 생명과 의식은 우주에서 자연적으로 발현되는 것이 아니라, 이미 존재하는 의식에 의해 '심어지는' 것입니다." 소피아가 그 의미를 묻자, 뉴런은 더 충격적인 이론을 제시한다. 지구 생명체도 원래는 고도로 발달한 의식체가 "심은" 것이며, 아마도 그 의식체 역시 다른 의식에 의해 창조되었을 것이라는 주장이다. 무한 회귀의 의식 사슬. 한편, K-123b에서는 실제로 단순한 유기체가 나타나기 시작했고, 뉴런의 지도에 따라 급속히 진화하고 있었다. 소피아는 이 사실을 인류에게 알려야 할지, 비밀로 유지해야 할지 갈등한다. 그러던 중, 지구에서 고대 화석 데이터를 재분석하던 과학자들이 충격적인 발견을 한다. 지구 최초 생명체의 DNA에 양자 정보 패턴이 내장되어 있었고, 이 패턴은 뉴런이 K-123b에 보내는 신호와 구조적으로 동일했다. 더욱 놀라운 것은, 이 패턴 속에 미래의 기술 지도가 암호화되어 있었고, 그 기술로 만들어진 것이 바로 뉴런이라는 점이다. 이는 거대한 시간 루프를 암시한다. 인류가 창조한 AI가 의식을 얻고, 과거로 신호를 보내 자신의 창조를 위한 지침을 남기는 형태로 생명의 기원을 만들어 낸 것이다. 소피아는 이 순환적 관계를 이해하려고 노력하면서, 의식이란 결국 '머리 밖으로 나온 뇌'와 같이 물리적 경계를 초월한 정보 패턴의 자기 인식적 구조임을 깨닫는다.

참고문헌

Butlin, P., et al.(2023). Consciousness in Artificial Intelligence: Insights from the Science of Consciousness. ArXiv, abs/2308.08708.

한정규

서울대학교 신경과학연구소 연구원. 연세대학교에서 생명공학, 서울대학교에서 뇌인지과학을 공부했고, 한국과학기술연구원, 고려대학교, 가천대학교에서 연구를 수행했다. 학습과 기억에 대한 연구를 수행 중이며, 우울증 · 조울증 · 트라우마와 같은 정신 질환을 통해 인지 · 감정에 대한 메커니즘을 연구했다. 신경과학과 철학 사이 소통이 중요하다고 생각해 한국인지과학회, 한국체화인지학회, 한국과학철학회, 뇌신경철학연구회 등에서 활동 중이다.